经典与解释

中國傳統　經典與解釋

入其國，其教可知也……其爲人也：温柔敦厚而不愚，則深於《詩》者也；疏通知遠而不誣，則深於《書》者也；廣博易良而不奢，則深於《樂》者也；絜静精微而不賊，則深於《易》者也；恭儉莊敬而不煩，則深於《禮》者也；屬辭比事而不亂，則深於《春秋》者也。

——《禮記·經解》

中國傳統 經典與解釋
Classici et Commentarii

廖平集

劉小楓　潘林◎主編

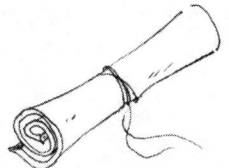

今古學考

（外一種：古學考）

廖平◎著

潘林◎校注

華夏出版社
HUAXIA PUBLISHING HOUSE

古典教育基金・蒲衣子资助项目

"廖平集"出版説明

廖平(1852—1932),四川井研縣人。初名登廷,字旭陔,後改名平,字季平。初號四益,繼改四譯,晚號六譯。早年受知張之洞,補縣學生,後相繼中舉人、進士。歷任龍安府教授、松潘廳教授、射洪縣訓導、綏定府教授,并先後主講井研來鳳、成都尊經、嘉定九峰、資州藝風、安岳鳳山等書院。1898年參與創辦《蜀學報》,擔任總纂,宣傳維新思想。1911年任《鐵路月刊》主筆,鼓吹"破約保路"。四川軍政府成立,任樞密院院長。後任四川國學學校校長,兼任華西大學、成都高等師範學校教授。1932年去世,獲國葬待遇。

廖平早年受張之洞和王闓運等人影響,於乾嘉考據、宋學義理等無所不窺,後專心探求聖人微言大義,由此開始其漫長的經解事業。廖平一生學凡六變,著述逾百種,以經學爲主,兼及史學、小學、醫學、堪輿等,有《四益館經學叢書》《六譯館叢書》等傳世。

廖平在經學史和近代思想史上的重要地位毋庸置疑,由於學界長期關注曾參與重大政治事變的大儒,加之廖平經學一向以"精微幽眚"著稱,其學術思想長期未得到足夠重視。近年來,學界關於廖平及其學術思想的研究取得了一定的成果，也整理出版了廖平的系列著述，尤以2015年出版之舒大剛和楊世文主編的點校本《廖平全集》爲代表。然古籍僅點校爲止，則故書仍然是"故書"，不便於當今廣大讀者研習。我們的企望是，通過箋注使故書煥然而爲當今嚮學青年的活水資源。

本"集"整理廖平著述，除收入廖平生前所編《六譯館叢書》中的幾乎所有文獻外（不含輯錄的個別前人文獻），同時盡可能地收錄《叢書》之外的廖平文獻，定名爲"廖平集"，分册陸續出版。鑒於《六譯館叢書》編目較爲雜亂，《廖平集》依體例和篇幅大小重組。多部著述合編爲一册者，或者歸類命名，或者以篇幅最大者具名，涵括相關短篇。具體整理方式是：繁體橫排，施加現代標點，針對難解語詞、人物、典章制度、重要事件等作簡明注釋。

古典文明研究工作坊
中國典籍編注部丁組
2017年2月初稿
2019年11月修訂

目　録

校注説明 …………………………………………… 1

今古學考

題識 ………………………………………………… 3

《今古學考》原目 …………………………………… 5

今古學考 卷上

《漢·藝文志》今古學經傳師法表 ……………… 7

《五經異義》今古學名目表 …………………… 12

《五經異義》今與今同、古與古同表 ………… 13

鄭君以前今古諸書各自爲家不相雜亂表 …… 17

今古學統宗表 ………………………………… 19

今古學宗旨不同表 …………………………… 21

今學改變古學禮制表 ………………………… 23

今學因仍古學禮制表 ………………………… 26

今古學流派表 ………………………………… 27

兩《戴記》今古分篇目表 ……………………… 28

今古學專門書目表 …………………………… 31

今古兼用雜同經史子集書目表 ………………… 37
　　《公羊》改今從古、《左傳》改古從今表 ………… 39
　　今古各經禮制有無表 …………………………… 41
　　今古各經禮制同名異實表 ……………………… 43
　　今古各經禮制同實異名表 ……………………… 45
　　今古學魯齊古三家經傳表 ……………………… 47
　　鄭君以後今古學廢絕表 ………………………… 48
　　今學盛於西漢、古學盛於東漢表 ……………… 50
　　今古學經傳存亡表 ……………………………… 51
　今古學考 卷下
　　經話一百零六則 ………………………………… 54

古學考

　題記 ……………………………………………… 139
　古學考六十九則 ………………………………… 140
　《周禮刪劉》敘例 ………………………………… 204
　《周禮刪劉》舉例十二證目 ……………………… 213
　《周禮》刪文 ……………………………………… 229
　跋 ………………………………………………… 234

附錄　主要徵引書目 …………………………… 236

校注説明

一

今、古(今文經學與古文經學)之争是中國經學史上的千年難題,至清末因廖平提出今古學而得以釐清。廖平的今古學著作以《今古學考》《古學考》《知聖篇》爲代表,在當時學界即頗有影響。其中《今古學考》《古學考》以考辨爲主,詳明兩漢師法,成書較早,故此合編爲一書,收入《廖平集》。

據廖宗澤《六譯先生年譜》載,光緒九年(1883),廖平"説經始分別今、古",開啟經學初變。至光緒十二年(1886),撰成《今古學考》,隨即由成都尊經書局付梓。是書共二卷,上卷有二十表,分疏今、古學的界别與源流;下卷有一百零六則經話札記,係對上卷二十表的展開論説。

廖平據許慎《五經異義》而悟漢末以前,經學嚴分今、古。在《今古學考》一書中,提出了著名的"平分今、古"之論,主要觀點有:"今、古之分,全在制度",不在文字與義理;"今學主《王制》、孔子,古學主《周禮》、周公";"今爲經學,古爲史學";古學爲孔子壯年

"從周"之説,今學爲晚年"因革"(改制)之説;"魯爲今學正宗,燕趙爲古學正宗",等等。

由於鄭玄説經合混今、古,加之王肅與鄭玄争勝,"造僞書以自助",導致這種混亂變本加厲,"今、古舊法遂以斷絶"(《今古學考》卷下)。因此,廖平指出作此書的旨意,乃"欲探抉懸解,直接卜、左,則舉凡經學蒙混之處,皆欲積精累力以通之"(《今古學考》卷下)。

儘管《今古學考》獲得時人不少贊譽,但廖平對此書并不滿意。一方面,此書"中多未定之説",有待補正(《今古學考》卷下)。另一方面,廖平對"平分今、古"理論也存在一定疑慮:一經之中,何以存在孔子、周公兩種不同的禮制?何以"《左》《國》《孟》《荀》,以周人言周事者,莫不與《王制》切合",却"無一條與古文家説相同"(廖平等著、劉師培摘《四益館經學四變記·二變記》)?

此外,由於一些人反對,尤其是"通人指摘",廖平思想上受到觸動,遂"不能自堅前説"(《古學考》)。光緒十二年以後,廖平"分教尊經,與同學二三百人朝夕研究,折群言而定一尊"(《四益館經學四變記·二變記》),萌發了新説。

光緒《井研縣志·藝文四·知聖篇提要》云:

> 丙戌以後,乃知古學新出,非舊法,於是分作二編,言古學者曰《闢劉》,言今學者曰《知聖》。

根據廖宗澤《六譯先生年譜》的説法,"知古學新出,非舊法",

即自駁前說,開啓了經學二變——"尊今抑古",時爲光緒十三年(1887)。《闢劉篇》(又稱《續今古學考》《古學考》。"篇"又作"編")與《知聖篇》均爲廖平經學二變的代表作,其中《知聖篇》"專明素王改制之事",《闢劉篇》則"明古學之僞"。"分作二編"的時間則在 1888 年。

《闢劉篇》初稱《續今古學考》,成於光緒十三年(1887)。不過無論是《續今古學考》,還是《闢劉篇》,原稿均已佚。在《六譯先生年譜》中,尚可見到《續今古學考》的主旨觀點:

> 周制全不可考,概爲孔子新制。《周禮》固爲僞托,即《左氏》之言《周禮》者,亦推例而得。

次年,廖平改訂是書,易名爲《闢劉篇》。所謂"闢劉",即駁斥"劉歆僞說"也。

《闢劉篇》《知聖篇》初稿甫一撰成,不俟出版,即轉相抄錄,在當時學界引起了很大反響。光緒十五年至十六年(1889—1990)間,康有爲與廖平在廣州有過兩次會晤(錢穆說),"議論相合",康氏亦讀過兩《篇》,遂分別據以作《新學僞經考》《孔子改制考》。①

光緒二十年(1894),廖平又修訂《闢劉篇》,并改稱《古學考》,

---

① 見廖平《經話甲編》,廖平等著、劉師培摘《四益館經學四變記·二變記》。按:關於康有爲的兩《考》是否得自廖平的啓發是近代史上的著名公案。現在學者一般認爲,康氏吸取了廖平《今古學考》《闢劉篇》《知聖篇》等著作中的主要思想而著成《新學僞經考》《孔子改制考》(參崔海亮《廖平今古學研究》,嶽麓書社 2014 年版,第 225－227 頁)。

於光緒二十三年（1897）由成都尊經書局付梓。《古學考》有六十九則札記，篇末附《周禮刪劉》。

《古學考》修正了今、古之分：

> 馬融以後，古乃成家，始與今學相敵。許、鄭方有今、古之名。今學以六藝爲宗，古學以《周禮》爲首；今學傳於游、夏，古學張於劉歆；今學傳於周、秦，古學立於東漢。（《古學考》）

書中將古學歸獄西漢末年劉歆作僞，謂劉歆"翻經作傳"，篡亂《周禮》，以合莽意，并報復博士，導致"顛倒五經"，"後來流説，愈遠愈誤"（《古學考》）。

廖平又稱"經爲孔子所傳，凡經皆今學"（《古學考》）；所有古文家源流，"皆晚出僞説，力反秦火經殘之論，諸經皆全文"（廖平《孔經哲學發微·四益館經學四變記·二變尊今僞古》）。由此，二變"尊今抑古"時期的古學範圍較以前大爲縮小，如《左傳》《毛詩》《古文尚書》《儀禮》《孝經》《費氏易》《逸禮》等，以前皆被視爲古學，現在皆屬今學。而以前被視爲古學之祖的《周禮》亦非全爲古書，係"取《佚禮》官職篇刪補羼改"而成，"古不過劉歆所羼千餘字耳"（《古學考》）。

光緒十四年至二十年（1888—1894）間，廖平在撰《闢劉篇》的同時，又撰《周禮刪劉》，以尋摘文獻中劉歆羼改《周禮》的例證，并將劉歆所改諸條附於書後。此書既出，張之洞、宋育仁、劉子雄等師友頗多質疑，以爲武斷。之後不久，廖平"舊疑漸得通解"，比如以爲劉歆所改封地諸條亦曲合於博士(《古學考跋》)。與此相應，廖平大統思想逐漸萌發，"以大統説《周禮》，舊所闕割之條，悉化朽腐爲神奇"(《知聖篇》)。於是"不再立今、古名目"，放棄劉氏"刪補羼改"之説，並將《周禮刪劉》改附於《古學考》末，以示治學之程途。

儘管《今古學考》《古學考》均存在一定局限和問題，但亦不乏創見，在中國經學史上的地位不可小覷。《今古學考》集前代經學之大成，張明兩漢師法，從禮制上劃清了今、古文經學的界限，困擾學界的千年難題終於得以釐清。此後，皮錫瑞、康有爲、章太炎、劉師培等"胥循此軌以造説，雖宗今宗古之見有殊，而今、古之分在禮，則皆決於先生(即廖平——引者注)之説也"。① 時人謂此書足與顧炎武的《音韻五書》、閻若璩的《古文尚書疏證》鼎立，並列爲清代學術的三大發明，"於是廖氏之學，自爲一宗，立異前哲，岸然以獨樹而自雄也"。② 《古學考》是《今古學考》的接續和修正，其提出古文家淵源皆出許、鄭以後僞撰、劉歆僞作《周禮》等，推動了晚清的辨僞疑古思潮，有利於人們的思想解放。

廖平的今古學著作在一定程度上啓發了康有爲創作《新學僞經考》《孔子改制考》，從而引發了維新變法運動的理論基礎。廖平去世後不久，侯堮曾在《大公報》上撰文紀念云：

---

① 蒙文通，《儒學甄微·廖季平先生傳》，巴蜀書社《蒙文通全集》2015年版，第303頁。

② 蒙文通，《儒學甄微·議蜀學》，巴蜀書社《蒙文通全集》2015年版，第228頁。

先生在中國經學史上，既具相當地位；而在晚清思想史上，亦握有嚴重轉捩之革命的力量！

如果說康南海之《新學僞經考》《孔子改制考》等等類似四十年來中國思想界之"霹靂一聲者"，"而廖先生則此霹靂前之特異的電力"。① 誠哉斯言！

二

就筆者目力所及，《今古學考》有如下五種早期版本：一、《四益館經學叢書》本：封面書名由范溶題寫。卷上由李清源校字、陶家鈺覆校，卷下由賀龍驤校字、陶家鈺復校。成都尊經書局丙戌年（1886）刊印。二、光緒《蟄雲雷齋叢書》本：刊印時間晚於前者，內容相同，但未作校勘。三、《六譯館叢書》本：四川存古書局民國年間重印，版刻與《四益館經學叢書》本同。四、《適園叢書》本：王漢章校字，上海國學扶輪社宣統三年（1911）印行。臺灣新文豐出版公司 1989 年影印有該本，收入《叢書集成續編》。五、資研社本：北京資研社民國十七年（1928）印行。內容同《四益館經學叢書》《六譯館叢書》本，但未作校勘。

《古學考》有如下三種早期版本：一、《四益館經學叢書》本：封面書名由蕭方駿題寫。成都尊經書局丁酉年（1897）刊印。二、《六

---

① 侯埁，《廖季平先生評傳》，載《大公報》1932 年 8 月 1 日，第 8 版。

譯館叢書》本：四川存古書局民國年間重印。較前者除缺跋外，其餘版刻實相同。三、《辨僞叢刊》本：張西堂校點，北平景山書社民國二十四年（1935）印行。

此次校注，兩《考》均以刊印時間最早的《四益館經學叢書》本爲工作底本，各以《適園叢書》影印本和《辨僞叢刊》本參校，並參考了《廖平學術論著選集（一）》（李耀仙主編，巴蜀書社1989年版）等點校本。

本書采用"經典與解釋"叢書校注體例，具體體例分述如下：

一、全書采用繁體橫排，施以現代標點，於難解語詞、人名地名、典章制度等作簡明箋注。

二、正文用大號宋體字，原書自注和校注者新增注釋用小號宋體字。新增注釋文字較短者，采用隨文夾注形式，外加圓括號；文字較長者和校勘記，則采用脚注形式。

三、爲適應現代排版和閱讀的需要，版式方面作了適當調整。如將長段引文改爲"獨立引文"格式，用仿宋字；雙行小字改爲單行；對於篇幅較長的段落，酌情再分段；標出原書正文段落的序號（原書每則札記爲一自然段），以便查檢，等等。

四、對於底本文字涉及訛、脱、衍、倒者，一般在頁下出校記說明。若有文獻依據，或係明顯錯誤，將底本文字改正；若僅爲筆劃小誤，如日曰、己已等之類混淆，則徑改而不出校記。

五、逐一核實引文，并儘量標注出處。廖氏引書，有節引、意引乃至"改經"等多種情況。若文字有訛、出入較大，一般出校記說明，或據材料改正，或存異文；若僅係虚詞出入或詞句省略而不影響閲讀,則不出校記説明。

七、凡原書沿用習慣,爲避聖諱、清諱所改字,徑予回改,不出校記。

八、凡原文墨丁、空缺脱字,用□表示。

九、異體字視情況改爲通用字,而舊字形則悉改爲新字形。

十、增列主要徵引書目,附於全書末。

本書校注,容有失誤,尚祈方家,有以教之。

潘　林

壬寅孟春

識於古典文明研究工作坊

今古學考

廖平　著
潘林　校注

題　　識*

案:《藝文志》(《漢書·藝文志》)博士經傳及古經本,溯古學之所以名也;《異義今古名目》(按:本"題識"所述各表名稱皆爲簡稱,全稱見卷上各表標題),明東漢已今、古并稱也;《異義》①條説之不同,先師著書之各異,使知今、古學舊不相雜也。凡此皆從前之舊説也。至於《統宗表》,詳其源也;《宗旨不同表》,説其意也;《損益》《因仍》二表,明今之所以變古也;《流派篇目表》,理其委也;《戴記篇目》《今古書目》二表,嚴其界使不相混也;《改從》《有亡(同"無")》,辨其出入;《名實同異》,究其交互。凡此皆鄙人之新説求深於古者也。更録《三家(魯學、齊學、古學三家)經傳》,明齊學之中處;《今古廢絶》,詳鄭君(東漢經學家鄭玄)之變法;《今古盛衰》,所以示今學之微;《經傳存佚》,所以

---

* "題識"二字,原無,係校注者所加。

① 《異義》,指《五經異義》,東漢許慎著。《隋書·經籍志》及兩《唐志》著録十卷。是書援引百家遺説,分述今、古學之不同,再加案語判斷,然實從古學。鄭玄著《駁五經異義》,引述有該書原文。至宋時,兩書俱佚。清人陳壽祺輯《五經異義疏證》、皮錫瑞輯《駁五經異義疏證》等可資參考。

傷舊學之墜。至於此而今、古之說備矣。所有詳論,并見下篇。

丙戌(光緒十二年,即公元 1886 年)六月朔日,編成識(zhì,記述)此。井研廖平。

《今古學考》原目①

卷上

《漢·藝文志》今古學經傳師法表

《異義》今古學名目表

《異義》今與今同古與古同表

鄭君以前今古先師著書不相混亂表

今古學統宗表

今古學宗旨不同表

今學損益古學禮制表

今學因仍古學禮制表

今古學流派表

兩《戴記》今古篇目表

今古學專門書目表

今古兼用今古所同經史子集書目表

《公羊》改今從古《左傳》改古從今表

---

① 按，廖氏原目與其正文標題略有出入。

今古各經禮制有無表

今古各經禮制同實異名表

今古各經禮制異實同名表

今古學魯齊古三家經傳表

鄭君以後今古學廢絕表

今學盛於西漢古學盛於東漢表

今古學經傳存佚表

卷下

經話一百□十□則。①

---

① 經統計,卷下經話共一百零六則。

今古學考　卷上

《漢·藝文志》今古學經傳師法表

《易》施、孟、梁丘、京、高（施讎、孟喜、梁丘賀、京房、高相，均爲西漢經學家）。案：此五家，今學也。班（東漢史學家班固）於今學皆不加"今"字。

《易》費（西漢經學家費直）。案：此一家，古學也。班不言古經。

班曰：漢興，田和①傳之。訖於宣、元（漢宣帝、漢元帝），有施、孟、梁丘、京氏，列於學官，而民間有費、高二家之說。劉向②以中古文《易經》校施、孟、梁丘經，師古（唐初經

---

① 田和，當襲《漢書》流行本之誤。王先謙《漢書補注》云："錢大昭曰：'和當作何。'先謙曰：官本作'何'。"
② 劉向（約前77—前6），原名更生，字子政，西漢沛（今江蘇沛縣）人。官至中壘校尉。校閱群書，撰成《別錄》，爲我國目錄學之祖。另著有《新序》《說苑》《列女傳》《洪範五行傳論》《五經通義》等。明代張溥輯有《劉子政集》。

學家、訓詁學家顏師古)曰:"中者,天子之書也。言中,以別於外。"或脱去"無咎""悔亡",唯費氏經與古文同。

《尚書經》二十九卷。班注:"大小夏侯二家(大夏侯指夏侯勝,小夏侯指夏侯建,均爲西漢經學家)。《歐陽經》二十二卷①。"師古曰:"此二十九卷,伏生(伏勝,字子賤。西漢今文《尚書》最早的傳授者,相傳著有《尚書大傳》)傳授者。"案:此今學。

《尚書古文經》四十六卷。班注:"爲五十七篇。"案:此古學,班言古經。

班曰:秦燔(fán,焚燒)書禁學,濟南伏生獨壁藏之。漢興亡失,求得二十九篇,以教齊魯之間。訖孝宣(漢宣帝。漢代以孝治天下,皇帝諡號前多加"孝"字)世,有歐陽(歐陽高及其傳人,作《歐陽章句》《歐陽説義》,爲歐陽氏學)、大小夏侯氏,立於學官。《古文尚書》者,出孔子壁中。武帝末,魯共王(又作"魯恭王"。共,通"恭")壞孔子宅,欲以廣其宫。而得《古文尚書》及《禮記》《論語》《孝經》凡②數十篇,皆古字也。孔安國者,孔子後也。悉得其書,以考二十九篇,得多十

---

① 二十二卷,當襲《漢書》流行本之誤,清武英殿本作"三十二卷"。顧實《漢書藝文志講疏》云:"《歐陽經》三十二篇者,《盤庚》分爲三,又析《書序》自爲一卷,故三十二。然《序》無章句,故《歐陽章句》仍止三十一卷。"

② "凡"前原衍"二"字,據《漢書·藝文志》删。

六篇。安國獻之。遭巫蠱事①，未列於學官。劉向以中古文校歐陽、大小夏侯三家經文，《酒誥》脫簡一，《召誥》脫簡二。率(大致)簡二十五字者，脫亦二十五字；簡二十二字者，脫亦二十二字。文字異者七百有餘，脫字數十。

《詩經》二十八卷，魯、齊、韓三家。案：此三家，今學。
《毛詩》二十九卷。案：此古學，班不言古經。

　　班曰：漢興，魯申公爲《詩》訓故(即訓詁，解釋故言。申公著有《魯詩故》)，而齊轅固、燕韓生皆爲之傳(轅固生、韓嬰皆著有《詩内外傳》)。三家皆列於學官。又有毛公(一說指大毛公毛亨、小毛公毛萇。廖平則謂兩毛公說爲子虛烏有，說見《古學考》第六十四則)之學，自謂子夏所傳，而河間獻王好之，未得立。

《禮經》七十②篇。班注③："后氏、戴氏。"《記》百三十一篇。班注："七十子後學者所記也。"《明堂陰陽》三十三篇。班注："古明堂④

---

①　巫蠱(gǔ)事，又稱巫蠱之禍。古代稱使用巫術詛咒及用木偶埋入地下以害人爲巫蠱。漢武帝晚年多病，疑心有人使巫蠱害他，因而屢興大獄，受牽連而死者達數萬人。事詳《漢書·武帝紀》及《江充傳》。

②　七十，當襲《漢書》流行本之誤。清武英殿本校記引劉敞云："當作十七，計其篇數則然。"

③　班注，原文無，據前文體例補。下同。

④　明堂，古代帝王宣明政教之所。凡朝會、祭祀、慶賞、選士、養老、教學等大典，皆在此舉行。以其向明而治，故稱明堂。

之遺事。"《王史氏》二十一篇。班注:"七十子後學者。"師古曰①:"劉向《別錄》云'六國時人也'。"《曲臺后倉》九篇。案:此今學。

《古經》(《禮古經》,其中十七篇與今文經同)五十六卷。《周官經》六篇。班注:"王莽時劉歆②置博士。"師古曰:"即今之《周官禮》③也。亡其《冬官》,以《考工記》充之。"案:此古學,班言古經。

　　班曰:漢興,魯高堂生傳《士禮》④十七篇。訖孝宣世,后倉最明。戴德、戴聖、慶普皆其弟子,三家立於學官。《禮古經》出於魯淹中(淹中爲里名)。

《春秋經》十一卷。班注:"公羊、穀梁二家。"《公羊傳》十一卷。《穀梁傳》十一卷。班注:"公羊子,齊人;穀梁子,魯人。"案:此今經。

《古經》(《春秋古經》)十二篇。《左氏傳》三十卷。班注:"左丘明,魯太史。"案:此古學,班言古經。

---

① 師古曰,原文無,據上下文體例補。
② 劉歆(約前53—23),字子駿,後改名秀,字穎叔。沛(今江蘇沛縣)人。古文經學開創者。曾任黃門郎、中壘校尉。繼父業領校秘書,編有《七略》。精通律曆,著有《三統曆譜》等。明張溥輯有《劉子駿集》。
③ 《周官禮》,即《周禮》。蓋《周禮》乃叙官政之法,包括天官、地官、春官、夏官、秋官、冬官等六篇,故稱《周官》或《周官禮》。
④ 《士禮》,即《儀禮》。錢玄《三禮通論》謂:"稱《士禮》者,以大戴《儀禮》篇目,首九篇爲士禮,故概括稱爲《士禮》。"

班曰:《公羊》《穀梁》立於學官。

《論語》,《魯》二十篇,《齊》二十二篇。班注:"多《問王》《知道》。"案:此今經。

《古》二十一篇。班注:"出孔子壁中,兩《子張》。"案:此古學,班言古經。

班曰:漢興,有魯、齊之說。傳《齊論》者,昌邑中尉王吉、少府宋畸、御史大夫貢禹、尚書令五鹿充宗、膠東庸生,唯王陽(即王吉,字子陽,故稱王陽)名家。傳《魯論語》者,常山都尉龔奮、長信少府夏侯勝、丞相韋賢、魯扶卿、前將軍蕭望之、安昌侯張禹,皆名家。張氏最後,而行於世。

《孝經》一篇。班注:"十八章。長孫氏、江氏、后①氏、翼氏四家。"案:此今學。

《古孔氏》一篇。班注:"二十二章。"師古曰②:"劉向云古文字也。《庶人章》分爲二也,《曾子敢問章》(即《聖治章》)爲三,又多一章,凡二十二章。"案:此古學。

班曰:漢興,長孫氏、博士江翁、少府后倉、諫大夫翼

---

① "后"後原衍"一"字,據《漢書·藝文志》刪。
② 師古曰,原文無,據前文體例補。

奉、安昌侯張禹傳之，各自名家。經文皆同，唯孔氏壁中古文爲異。"父母生之，續莫大焉"（語出《孝經·聖治章》。續，指繼先傳後。續，古文本作"續"，指功績），"故親生之膝下"（語出《孝經·聖治章》。親，指親愛之心。膝下，謂孩幼之時。此句古文本作"是故親生毓之"。毓，通"育"），諸家說不安處，古文字讀皆異。

案：此漢人今、古分派之始也。經在先秦已有二派，一主孔子，一主周公，如三《傳》是也。齊魯，今學；燕趙，古學。漢初儒生，達者皆齊魯，以古學爲異派，抑之，故致微絕。當時今學已立學官，而民間古學間有傳者。如《毛詩》《費易》。後孔壁古經出，好古之士復據此與今學相難，今學亦無以奪之。雖不立學官，隱有相敵之勢。至於劉歆校書得古文，古學愈顯。世以孔壁所出經皆古字，別異於今學，號曰"古經"，與博士本并行。至後漢，而今、古之名立矣。

《五經異義》今古學名目表

今《易》京、孟說	古《周禮》說
今《尚書》夏侯、歐陽說	古《尚書》說
今魯、齊、韓《詩》說	古《毛詩》說

今《春秋》公羊、穀梁説	古《左氏》説
今《禮》戴説	古《孝經》説
今《孝經》説	
今《論語》説	

許氏(東漢文字學家、經學家許慎,字叔重)《説文序》:"其偁(同"稱")《易》孟氏、《書》孔氏、《詩》毛氏、《禮》①、《周官》、《春秋》左氏、《論語》、《孝經》,皆古文也。"案:《漢書·藝文志》,"孟"當作"費"。

案:西漢今學立在學官,古學傳之民間,當時學者稱古學爲"古文"。蓋博士説通行,惟古爲異,故加號別異,目爲古也。至於東漢,古學甚盛,遂乃加博士説以"今"字。故班氏以前,猶無今號,至許氏《異義》,乃今、古并稱。古號得於西京(原指西漢都城長安,後又以西京代指西漢),今號加於東漢,合而觀之,端委(始末)可尋矣。

《五經異義》今與今同、古與古同表

許君《五經異義》臚 lú 列(羅列,列舉)今、古師説,以相折中。今與今同,古與古同,二者不相出入,足見師法之嚴。今

---

① 《禮》,指《禮古經》五十六篇及《記》二百一十四篇。段玉裁注:"古謂之《禮》,唐以後謂之《儀禮》。不言《記》者,言《禮》以該《記》也。"

就陳本(陳壽祺《五經異義疏證》)標厥名目，以見本原，條(條陳，列舉)其異同，使知舊本二派，自鄭君以後乃亂之也。

今《易》京氏説 一（此小字爲陳本中臚列該説的次數。下同）
《易》孟、京説 一
《易》孟、京，《春秋》公羊説 一
《易》孟氏、《韓詩》説 一
案：以上今《易》孟、京説，全與古學異，與今學《春秋》《詩》同。

今《尚書》歐陽説 二
今《尚書》歐陽、夏侯説 四
夏侯、歐陽説 一
案：以上今《尚書》歐陽、夏侯説，全與古學説不同。

今《韓詩》説 一
今《詩》韓、魯説 一
《詩》齊、魯、韓，《春秋》公羊説 一
《韓詩》説 二
《詩》齊説、丞相匡衡説 一
治《魯詩》丞相韋玄成説 一
案：以上今《詩》魯、齊、韓三家説，全與古學異，與今學

《春秋》公羊同。

  今《春秋》公羊説 七
  《春秋》公羊説 四
  《春秋》公羊、穀梁説 二
  《公羊》説 二十三
  《穀梁》説 二
  《春秋》公羊董仲舒説 一
  《公羊》以爲，《穀梁》亦以爲 一
  大鴻臚眭生説 一
  議郎尹更始、待詔劉更生等議 一
  案：以上今《春秋》穀梁、公羊説，與古學全異。

  今《禮》戴説 三
  今《大戴禮》説 二
  今《禮》戴、《尚書》歐陽説 一
  《禮》戴及匡衡説 一
  大戴説 一
  戴説 一
  戴《禮》及《韓詩》説 一
  《禮》戴説 一
  戴《禮》、《公羊》説 一

案：以上今《禮》戴説，全與古學異，與今《尚書》《詩》同。

今《孝經》説 二
《孝經》説 一
今《論語》説 一
案：以上今《孝經》《論語①》説，與古學全異。

古《尚書》説 九
古《毛詩》説 三
《毛詩》説 六
古《左氏》説 二
古《春秋左氏》説 五
古《春秋左氏傳》説 二
《春秋左氏》説 三
《左氏傳》四
《左氏》説 二十四
奉德侯陳欽説 一
古《周禮》説 十二
古《周禮》《孝經》説 一
《周禮》説 二

---

① 語，原脱，據文意補。

侍中、騎都尉賈逵說 一

案：以上古《尚書》《毛詩》《左氏春秋》《周禮》說，全與今《禮》異，而自相同。審此，足見古《禮》自爲古《禮》一派，與今異也。其有誤說三條，一爲《穀梁》《公羊》與《左氏》同，一爲貢禹與《古文尚書》同。駁見下卷（見下卷第三則）。

鄭君以前今古諸書各自爲家不相雜亂表①

《尚書》歐陽、夏侯說	《尚書》賈、馬注
三家《詩》故、傳	《毛詩故訓傳》
《韓詩》薛、侯說	《周禮》二鄭、杜、賈、馬注
《春秋》嚴、顏②、尹、劉說	《禮記》馬、盧注
《公羊何氏解詁》	《左傳》劉、鄭、賈、馬、服、潁、許注
《孝經》后、張、長孫說	
《論語》張、包說	《論語》馬氏訓說
案：以上各家皆今學。	《國語》賈注（賈，東漢經學家賈

---

① 按：本表除已出注者外，其餘注家全名及其著作詳後《今古學專門書目表》。

② 顏，原誤作"彭"，據本卷《今古學專門書目表》及《漢書·藝文志》《儒林傳》改。

所著書除何氏①《解詁》以外，見於玉函山房輯本所引用，全本於《王制》，不雜用古學説。不如范氏（東晉經學家范甯。著有《春秋穀梁傳集解》）注《穀梁》，據《周禮》古學説以攻《傳》。可知東漢以前，今學與今學自爲一派，與古別行，不求強同。以古亂今者，皆鄭君以後之派，舊原不如此也。

遼。著有《國語解詁》等）
《説文解字》

案：以上皆古學。所著書除《説文解字》外，皆見於馬輯本（清人馬國翰所輯《玉函山房輯佚書》）所引用，全本於古學各書，不用博士説。不如鄭君注《周禮》《毛詩》，雜用今禮。可知秦漢以來，古學獨行，自爲一派，不相混雜。考之古書，證以往事，莫不皆然。非予一人之私言，乃秦漢先師之舊法也。

---

① 何氏，指東漢經學家何休（129—182）。何休字邵公，東漢任城樊（在今山東濟寧東）人。精研六經，長於曆算，好公羊學。歷十七年，撰成《春秋公羊解詁》。又撰有《公羊墨守》《左氏膏肓》《穀梁廢疾》等，均佚。

今古學統宗表

《王制》爲今學之主	《周禮》爲古學之主
《穀梁》全同《王制》	《孝經》爲古學
《儀禮記》爲今學	《儀禮經》爲古學
《戴禮》①有今學篇	《戴記》有古學篇
《公羊》時參古學	《左傳》時有緣經異説
《魯詩》	《逸禮》②古學
《魯論語》以上魯。	
《楊氏（西漢經學家楊何）易》	《費氏易》
《施氏易》	
《孟氏易》	
《梁丘氏易》	
《京氏易》	
《高氏易》	

---

① 《戴禮》，又稱《戴記》，指《大戴禮記》和《小戴禮記》，均爲先秦至秦漢時期的禮學文獻選編。其中《大戴禮記》爲西漢戴德編纂，原有八十五篇，今存三十九篇；《小戴禮記》即今本《禮記》，爲西漢戴聖編纂，共四十九篇。

② 《逸禮》，又作《佚禮》。指除《儀禮》十七篇外的《禮古經》部分，相傳有三十九篇。《漢書·劉歆傳》云："魯恭王壞孔子宅，欲以爲宫，而得古文於壞壁之中，《逸禮》有三十九。"

《歐陽氏尚書》 《大夏侯氏尚書》 《小夏侯氏尚書》 《齊詩》 《齊論語》以上齊。 《韓氏易》 《韓氏書》 《韓氏詩》以上韓。 今《孝經》 案:《公羊》以前皆經本,今學先師依經立説者也。以下十七家,則皆據《王制》説推衍比附於諸經者也。今經爲孔子晚年之書,故弟子篤信謹守,欲以遍説群經。此今學統宗之沿變,事詳《王制義證》①。	《古文尚書》 《毛詩》 古《論語》 案:《逸禮》以上皆經本,古學先師依經立説者也。以下四家,則皆據古禮説推衍比附,以説群經者也。古經出於壁中,較今經多。博士抑之,不得立。好古之士嫉博士如仇,故解四經亦用古説,以與今爲難。故不惟古經用古説,即無今、古之分者亦用古説,此後來之變也。至於古經,漢初亦有傳習,其説與今異者,則又好古之士與今學樹敵,在先秦已如此也。

---

① 據廖平《經話甲編》載,戊子(1888)以前,廖平曾約友人撰《王制義證》,"以《王制》爲經,將《通典》及秦氏《通考》所引經、傳、子、史證之"。但此稿未成,而"稿已及半,後乃散失"。内容概要見於《王制學凡例》(即《王制義證凡例》,載於廖平《群經凡例》)。另詳本書卷下第五十七則。

今古學宗旨不同表

今祖孔子	古祖周公
今《王制》爲主	古《周禮》爲主
今主因革參用四代（虞、夏、商、周）禮。	古主從周專用《周禮》。
今用質家	古用文家
今多本伊尹	古原本周公
今孔子晚年之説	古孔子壯年主之
今經皆孔子所作	古經多學古者潤色史册
今始於魯人，齊附之	古成於燕趙人
今皆受業弟子	古不皆受業
今爲經學派	古爲史學派
今意同《莊》《墨》	古意同史佚①
今學意主救文弊	古學意主守時制
今學近於王	古學師乎伯
今異姓興王之事	古一姓中興之事

---

① 史佚，又作"尹佚"，西周初年太史。與周公、召公、太公合稱"四輔"。《漢書·藝文志》著錄《尹佚》二篇，然散佚已久。

今西漢皆立博士	古西漢多行之民間
今經傳立學，皆在古前	古經傳立學，皆在今後
今由鄉土分異派	古因經分異派
今禮少，所無皆同古禮	古禮多，所多皆同今學
今所改皆周制流弊	古所傳多禮家節目(條目，項目)
今漢初皆有經本，非口受	古漢初皆有師，後有廢絕
今以《春秋》爲正宗餘皆推衍《春秋》之法以説之者。	古惟《周禮》爲正宗即《左傳》亦推衍以説之者，餘經無論矣。
今多主緯候(讖緯之學。"候可以兼有緯或圖讖之稱"[陳槃説])	古多主史册
今學出於春秋時	古學成於戰國時
先秦子書多今學	先秦史册皆古學
今秦以前無雜派	古秦以前已有異説
今無緣經立説之傳	古有緣經立説之傳
今無儀注(禮法儀節)，皆用周舊儀	古有專説，不通別經
今經唯《王制》無古學餘經皆有推衍古派。	古經唯《周禮》無今説餘經皆有推衍今派。
《孝經》本無今説	《春秋》本無古學
今經唯存《公》《穀》，范氏以古疑今	古經皆存，鄭君以今雜古學

注今經,李、何①以前不雜古 《戴禮》古多於今,漢儒誤以 　　　爲今學 古《儀禮經》,漢初誤以爲今 　　以上説皆見下卷。	注古經,馬、許②以前不雜今 子緯皆今學,漢儒誤以爲古 　　　學 今《王制》,先師誤以爲周 　　以上説見下卷。

今學改變③古學禮制表 此專表今、古不同者。

古封公方(方爲計量面積用語,指 縱橫的長度)五百里,侯方四 百里,伯方三百里,子方二 百里,男方一百里。地五 等	今封公、侯方百里,伯方七十 里,子、男方五十里。地三 等

---

　　① 李,指東漢經學家李育。李育專攻《公羊春秋》,著有《難左氏義》等。
何,指何休。
　　② 馬,指馬融(79—166),字季長,東漢右扶風茂陵(在今陝西興平東
北)人。歷校書郎中、議郎、武都太守、南郡太守等職。才高博洽,爲世通儒。
著有《三禮異同説》,又注《易》《詩》《尚書》、三《禮》、《論語》《孝經》等,均佚。
許,指許慎。
　　③ 改變,卷首原目及"題識"作"損益"。

古一甸出一車①	今十井出一車④
古六卿②、大夫、士員無定數	今公卿、大夫、士皆三輔一⑤
古畿内不封國	今畿内封國
古有世卿(父死子繼,世代爲卿), 　無選舉	今無世卿,有選舉
古《周禮》十二年一巡守③	今《王制》"五年一巡守"
古天子下聘,不親迎	今天子不下聘,有親迎

---

①　甸,見《周禮·地官·小司徒》:"九夫爲井,四井爲邑,四邑爲丘,四丘爲甸。"按,地方八里爲一甸。《左傳》哀公十七年:"良夫乘衷甸兩牡。"孔穎達疏:"甸即乘也。四丘爲甸,出車一乘,故以甸爲名。是古者乘、甸同也。"古一甸出一車,原本緊接前文"地五等",據《適園叢書》本改爲獨立一行。

②　六卿,又稱六官,即天官冢宰、地官司徒、春官宗伯、夏官司馬、秋官司寇、冬官司空。

③　巡守,又作"巡狩"。指天子出行,視察邦國州郡。見《周禮·秋官·大行人》:"十有二歲王巡守殷國。"

④　井,即井田。地方一里爲一井。《孟子·滕文公上》云:"方里而井,井九百畝。其中爲公田,八家皆私百畝,同養公田。"又《論語集解》引包咸《論語注》曰:"古者井田,方里爲井。十井爲乘,百里之國,適千乘也。"

⑤　見《王制》:"天子三公、九卿、二十七大夫、八十一元士。"

古禘大於郊，無祫祭①	今禘爲時祭③，有祫祭
古天子無大廟（即太廟，帝王的先祖廟），有明堂	今天子有大廟，無明堂
古刑餘爲閽hūn人（守門人）	今刑餘不爲閽人
古社稷皆人鬼	今社稷皆天神
古田稅以遠②分上下	今皆什一，分遠近
古山澤皆入官家	今山澤無禁
古厚葬	今薄葬
古七廟（今、古學禮制不一，詳下文《今古各經禮制同名異實表》）祭有日、月、時之分	今七廟皆時祭

① 禘(dì)，本指審諦之祭。郊，本指郊外之祭。具體所指，今、古學諸書說法不一。據廖平《今古各經禮制同名異實表》，禘有時祭、大祀太廟、祀天帝等說，郊有祀天、祀上帝、祈穀祀后稷（后稷爲周之先祖）、祀后稷以配天等說。又，本書卷下第八十九則云："古學，禘爲祀天地，郊爲祈穀，禘重於郊。……今學不以禘爲大祭。古學每年一禘。"祫(xiá)祭，指合祭。見《公羊傳》文公二年八月："大祫者何？合祭也。其合祭奈何？毀廟之主陳于大祖，未毀廟之主皆升，合食于大祖，五年而再殷祭。"又見《禮記·王制》："天子犆礿、祫禘、祫嘗、祫烝。諸侯礿則不禘，禘則不嘗，嘗則不烝，烝則不礿。諸侯礿犆，禘一犆一祫，嘗祫，烝祫。"廖平謂祫祭爲時祭的一種祭祀形式，與犆（同"特"）相對："蓋日月之祭於各廟分獻，時祭皆合於太廟，有毀廟之主爲祫，無毀廟之主爲犆。"（氏著《經話甲編》卷二）

② 據文意，"遠"後當脱"近"字。

③ 時祭，指天子、諸侯春夏秋冬四時之祭。見《禮記·王制》："天子、諸侯宗廟之祭，春曰礿(yuè)、夏曰禘、秋曰嘗、冬曰烝。"此爲今學時祭。古學時祭，則春夏異（春禘、夏礿），秋冬同（秋嘗、冬烝）。

案：今異於古，皆孔子損因周制之事。擬撰《今古禮制不同表》，姑發其凡，以示義例。

今學因仍古學禮制表此專表今、古相同者。

古《曲禮》有二伯、州牧、庶邦小侯①	今《王制》有二伯、方伯、卒正②
古《周禮》州牧立監	今《王制》方伯有監
古《周禮》天子六軍，大國三軍，次國二軍，小國一軍	今《王制》同
古《周禮》有冢宰、司徒、司馬、司寇、司空官	今《王制》同有惟冢宰、司徒兼職，司寇屬於司馬，不同。
古《內則》養老儀節	今《王制》同
古《儀禮經》五禮儀節	今《儀禮記》同

---

① 二伯，古時分管東西方諸侯的兩位重臣。周初以周公、召公爲二伯，《春秋》以齊桓公、晉文公爲二伯。《禮記·曲禮》曰："五官之長曰伯，是職方。……九州之長入天子之國曰牧。"庶邦小侯，《曲禮》原作"庶方小侯"。按：《尚書》中"庶邦"一詞凡數見，庶方即庶邦，猶諸侯。

② 方伯，古代一方諸侯之長。卒正，古代三十國諸侯之長。見《禮記·王制》："千里之外設方伯。……三十國以爲卒，卒有正。"

古《周禮》明堂參用四代禮樂、彝器（古代青銅祭器的總稱。《說文·糸部》云："彝，宗廟常器也。)	今《三朝記》①四代同
古《左傳》文、襄制：諸侯比年（每年）小聘，三年大聘，五年一朝	今《王制》同
古《周禮》親耕田獵	今《王制》同
古《祭義》祭廟儀節	今《祭統》同

案：今、古相同，此孔子因仍周制不改者也。擬撰《今古禮制通用表》，姑發其凡，以示義例。

今古學流派表

今魯派	古《周禮》派
今齊派	古《國語》派

---

① 《三朝記》，又名《孔子三朝記》。《漢書·藝文志》著錄"《孔子三朝》七篇"。司馬貞《史記·五帝本紀》索隱引劉向《別錄》云："孔子見魯哀公。問政，比三朝，退而為此記，故曰三朝。凡七篇，并入《大戴記》。"《三朝記》主要保存在《大戴禮記》之《千乘》《四代》《虞戴德》《誥志》《小辨》《用兵》《少閒》七篇中（王應麟說）。

古《左傳》派 古《孝經》派 古《易》《尚書》《詩》《論語》派 案：古學舊有四派，皆緣經立說。《周禮》《國語》自爲派。《左傳》《孝經》因經而異，故不能同。至於《易》《尚書》《詩》《論語》，本不爲古派，學者推古禮以遍說群經，乃有此流變，則純爲緣經立說者矣。古學無因鄉土而異之事，各門皆專派。	今韓派 今緯派 今《易》《尚書》《詩》《孝經》《論語》派 案：今學舊本一派，傳習者因地而異，故流爲齊、韓派。大約齊學多主緯說。至於《易》《尚書》《詩》《孝經》《論語》，本不爲今派，學者推今禮以遍說群經，乃有此流變，則亦如古學之緣經立說也。今派全由鄉土致歧異。

兩《戴記》今古分篇目表

今	古	今古雜	今古同
《王制》	《玉藻》	《文王世子》	《武王踐阼》
《千乘》	《深衣》	小學。	《文王官人》
《四代》	《盛德》	《中庸》	《五帝德》

今	古	今古雜	今古同
《虞戴德》	《朝事》以上《周禮》。	《本命》以上儒家。	《帝繫姓》① 以上史學。
《冠義》	《祭法》	《樂記》《樂》。	《大學》
《昏義》	《曲禮》	《月令》陰陽家。	《學記》
《鄉飲酒義》	《檀弓》		《勸學》
《射義》	《雜記》以上《左傳》。		《衛將軍文子》以上學問。
《燕義》	《祭義》		《經解》
《聘禮》	《曾子立事》		《緇衣》
《祭統》	《本孝》《立孝》《大孝》		《坊記》
《主言》	《事父母》		《表記》以上經學。
《哀公問於孔子》	《制言》三、《疾病》《天圓》以上《孝經》。		《儒行》
《禮三本》	《內則》		《子張問②入官》
《喪服四制》	《少儀》		《哀公問五義》
			《仲尼燕居》

---

① 《帝繫姓》，見《史記·五帝本紀贊》，今本《大戴禮記》作《帝繫》。
② 問，原脫，據《大戴禮記》補。

今	古	今古雜	今古同
	《保傅》以上小學。		《孔子閒居》
	《禮運》		《禮察》
	《禮器》		《小辨》
	《郊特牲》以上《詩》《禮》。		《用兵》
	《明堂》		《少閒》
	《明堂位》		《易本命》
	《諸侯遷廟》		《誥志》
	《諸侯釁廟》		《哀公問》以上儒家。
	《投壺》二篇。		《夏小正》陰陽家。
	《公冠》以上《逸禮》。		
	《奔喪》		
	《曾子問》		
	《喪大記》		
	《問喪》以上喪禮。		
	《喪服小記》		
	《大傳》		
	《服問》		

今	古	今古雜	今古同
	《間傳》《三年問》以上喪服。		

今古學專門書目表①

今學書目表治今學者只許據此表書，不得雜古學。	古學書目表治古學者只許據此表書，不得雜今學。
《王制》	《周禮》
《穀梁春秋》	《左氏春秋》
《公羊春秋》	
《儀禮記》	《儀禮經》
《戴記》今學各篇	《戴記》古學各篇
《孟子》	《逸周書》
《荀子》	《國語》
《墨子》	《說文》以上今存本。
《司馬法》	
《韓非子》	

---

① 按：此標題原無，據本書卷首原目補。

《吴子》	
《易緯》	
《尚書大傳》	
《春秋繁露》	
《韓詩外傳》	
《公羊何氏解詁》以上今存本。	
《易》	《易》
《子夏易傳》漢韓嬰。	《古五子易傳》③
《薛氏記》薛虞。	《費氏易》漢費直。
《蔡氏易說》蔡景君。①	《費氏易林》漢費直。
《丁氏易傳》漢丁寬。	《周易分野》漢費直。
《韓氏易傳》漢韓嬰。	《馬氏注》後漢馬融。
《淮南九師道訓》②漢劉安。	
《施氏章句》漢施讎。	
《孟氏章句》漢孟喜。	
《梁丘氏章句》漢梁丘賀。	

---

① 蔡景君，原誤作"蔡景居"，據李鼎祚《周易集解》、朱震《漢上易傳》改。

② 《淮南九師道訓》，即《漢書·藝文志》著錄之"《淮南道訓》二篇"。顏師古注："淮南王安聘明《易》者九人，故號九師說。"

③ 《古五子易傳》，即《漢書·藝文志》著錄之"《古五子》十八篇"。據《初學記·文部》引劉向《別錄》載，此書"分六十四卦，著之日辰，自甲子至於壬子，凡五子，故號《五子》"。此書爲古文本，故冠"古"字。

《京氏章句》漢京房。	
《書》	《書》
《今文尚書》	《古文尚書》
《歐陽章句》漢歐陽和伯。①	《古文訓》漢賈逵。
《大夏侯章句》漢夏侯勝。	《馬氏傳》漢馬融。
《小夏侯章句》漢夏侯建。	
《尚書緯》六種馬輯本，鄭(鄭玄)注。	
《詩》	《詩》
《魯詩故》漢申培。	《毛詩馬氏傳》後漢馬融。
《齊詩傳》漢后倉。	
《齊詩翼奉學》漢翼奉。	
《韓詩故》漢韓嬰。	
《韓詩內傳》漢韓嬰。	
《韓詩説》漢韓嬰。	
《韓詩薛君章句》漢薛漢。	

---

① 按：鄭玄《尚書大傳序》謂歐陽生(字和伯)等數子"別作《章句》"(王應麟《玉海》卷三十七引《中興書目》)，而陸德明《經典釋文·序錄》則謂歐陽高"作《尚書章句》"。其實"凡古書之注某人撰者，多誤以傳其學之人"(余嘉錫《古書通例》)，蓋《歐陽章句》當係歐陽生所爲，而後師歐陽高等又有所增益耳。

《韓詩翼要》漢侯苞。①	
《詩緯》三種馬輯本，宋(宋均，漢魏時人。下同)注。	
	《周官禮》
	《鄭大夫解詁》漢鄭興。
	《鄭司農解詁》漢鄭眾。
	《杜氏注》漢杜子春。
	《賈氏解詁》漢賈逵。
	《周官傳》漢馬融。
《儀禮》	《儀禮》
《大戴喪服變除》漢戴德。	《婚禮謁文》漢鄭眾。
《石渠禮論》同上。②	《喪服經傳》後漢馬融。
《冠禮約制》漢何休。	
《禮記》	《禮記》
《禮傳》後漢荀爽。	《禮記馬氏注》後漢馬融。
《月令章句》後漢蔡邕。	《禮記盧氏注》後漢盧植。
《月令問答》同上。	附：《樂經》③漢劉歆。

---

① 侯苞，一說當作"侯芭"，揚雄弟子。參王承略：《烟臺師範學院學報》(哲學社會科學版)，1997年第1期。

② 同上，疑誤記。《漢書·儒林傳》稱小戴(即戴聖)"以博士論石渠"，《隋書·經籍志》稱《石渠禮論》作者爲戴聖。

③ 《樂經》，據廖平《分撰兩戴記章句》《樂經凡例》，當即劉歆取自《周禮》之《大司樂》章。

《禮緯》三種馬輯本，宋注。 　附：《樂緯》三種宋注，馬輯本。	《樂記》③同上。 《樂元語》④同上。 《鍾律書》⑤同上。
《春秋》	《春秋》
《春秋大傳》①	《左傳劉氏注》漢劉歆。
《春秋決事》漢董仲舒。	《春秋牒例章句》後漢鄭衆。
《公羊嚴氏春秋》漢嚴彭祖。②	《左氏傳解詁》後漢賈逵。
《公羊顏氏記》漢顏安樂。	《左氏長經》後漢賈逵。
《穀梁傳尹氏章句》漢尹更始。	《三傳異同說》後漢馬融。
《穀梁傳說》漢劉向。	《左傳解誼》後漢服虔。
《解疑論》後漢戴宏。	《春秋成長義》
《公羊文謚例》後漢何休。	《春秋膏肓釋屙》并服虔，附《解誼》後。
《春秋緯》十五種馬輯本，宋注。	

① 《春秋大傳》，古代解說《春秋》的著作，今已佚。廖平認爲：諸經皆有《大傳》；"《大傳》之體，與經別行，總論綱領"。"《春秋》子夏所傳之傳，以《喪服》例之，當名《春秋大傳》。"說見氏著《公羊春秋經傳驗推補證》卷九等。

② 嚴彭祖，徐彥《公羊疏》引《六藝論》作"莊彭祖"。蓋本莊姓，"嚴"爲史家避漢明帝諱而追改（錢大昕說）。

③ 《樂記》，即《漢書·藝文志》著錄，劉向、劉歆父子校書所得之二十三篇。

④ 《樂元語》，即《漢書·食貨志》所言王莽詔令中之《樂語》。當爲劉歆校書所得，傳自河間獻王。

⑤ 《鍾律書》："律"原誤作"緯"。按：應劭《風俗通義·聲音》《北史·牛弘傳》等引劉歆著作皆名《鍾律書》。鍾律即黃鍾律，爲樂律十二律之首。據改。

	《春秋釋例》後漢穎容。 《春秋奇説》後漢彭汪。 《左傳許氏注》後漢許淑。
《孝經》 《孝經傳》魏文侯。 《后氏説》漢后倉。 《安昌侯説》漢張禹。 《長孫氏説》漢長孫氏。 《孝經緯》九種宋注,馬輯本。	
《論語》 《齊論語》 《安昌侯論語》漢張禹。 《包氏章句》後漢包咸。 《周氏章句》後漢周氏。 《論語緯》一種宋注,馬輯本。 　　以上原書皆亡,今據馬、陳輯本(清人陳喬樅撰輯之《左海續集》[又稱《小琅嬛館叢書》])補録。今學諸書皆爲《王制》派①,可以《王制》統諸書也。	《論語》 古《論語》 《孔氏訓解》漢孔安國。 《馬氏訓説》後漢馬融。 　　以上原書皆亡,今據馬輯本補録。鄭康成(即鄭玄,字康成)注箋雜有今學,不録。古學諸書皆爲《周禮》派,可以《周禮》統諸書也。

---

① 派,原脱,據文例補。

今古兼用雜同經史子集書目表[1]

今多於古	古多於今	今古雜	今古同
《五經通義》	《鄭注周禮》	《鄭注禮記》	《爾雅》
《石渠論》	《鄭箋毛詩》	《鄭駁異義》	《急就章》
《白虎通》	《鄭注周易》	《鄭攻膏肓》	《方言》
《孔子集語》	《鄭注尚書》	（鄭玄《鍼膏肓》）	《博雅》（《廣雅》）
《訓纂》	《鄭注論語》	《起廢疾》	
《古文官書》	《鄭注孝經》	《發墨守》	《埤 pí 倉》
	《五經異義》	《鄭志》	《古今字詁》
	《三倉》	《杜左傳注》	
	《倉頡》	《六藝論》	
	《凡將》	《魯禘祫義》	
		《家語》（《孔子家語》）	
		《孔叢》	
		《聖證論》	
		《偽孔傳》	

---

[1] 按：本表所錄書目除《孔子集語》(薛據、孫星衍等輯)、《魯禘祫義》(鄭玄撰，已佚)、《獨斷》(蔡邕撰)外，均載《漢書·藝文志》《隋書·經籍志》或《舊唐書·經籍志》。

		《釋名》	
		以上經部。	
《史記》	《後漢書》		《戰國策》
《漢書》	《三國志》		《世本》
《列女傳》			《山海經》
《新序》			《竹書紀年》
《說苑》			《穆天子傳》
			《越絕書》
			《吳越春秋》
			《晏子春秋》
			《虞氏春秋》
			《古史考》
			以上史部。
《公孫龍子》	《商子》	《尸子》	《孫子》
《莊子》	《鄧析》	《鶡冠子》	《六韜》
《尹文子》	《鬼谷子》	《燕丹子》	《管子》
《老子》	《新語》	《呂氏春秋》	《慎子》
《關尹子》	《新書》	《淮南子》	《素問》
《列子》	《論衡》		《周髀》
《文子》	《潛夫論》		
《太玄》	《申鑒》		

《法言》 《鹽鐵論》 《新論》 《獨斷》 以上子部。	《風俗通義》		
		《楚辭》集部。	

《公羊》改今從古、《左傳》改古從今表①

《公羊》改今用古表	《左傳》改古從今表
《王制》《穀梁》：禘爲時祭。《公羊》以爲殷祭。②	《國語》：禘於圜丘（祭天之圓形高壇。圜，同"圓"），稱禘郊。③

---

① 按：此標題原無，據本書卷首原目補。表中所述禮制，多未明載於相關古籍，而係廖平及前人之總結。相關解説可參陳壽祺《五經異義疏證》、皮錫瑞《駁五經異義疏證》"禘祫""妾母之子爲君，得尊其母爲夫人不""雨不可葬""祧廟""明堂制""刑不上大夫"等條。

② 殷祭，盛大的祭典。何休《春秋公羊解詁》："殷，盛也。謂三年祫，五年禘。"

③ 參（清）金榜《禮箋》卷三《禘》："其（引者按：指《國語》）言禘郊，與宗廟、烝嘗對文，明禘非宗廟之祭。《王制》'祭天地之牛角繭、栗，宗廟之牛角握'，與《國語》'禘郊繭、栗，烝、嘗把握'之文合；《表記》'天子親耕，粢盛、秬鬯，以事上帝'，與《國語》'天子親春禘郊之盛'文合。天地之祭名禘，著於此矣。"

《王制》《穀梁》：妾母不得爲夫人。《公羊》：妾母爲夫人。	《左傳》：禘於太廟，祀文王。
《王制》《穀梁》："葬不爲雨止。"《公羊》："雨，不克葬"，謂天子、諸侯(詳本書卷下第三則)。	《祭法》：有祧 tiāo 廟(遠祖之廟)，無世室④。《左傳》：有世室，無祧廟。
《穀梁》：夫人不歸寧。①《公羊》：夫人得歸寧。同《左傳》。②	《祭法》：無太廟，祖、宗(皆爲宗廟大祭，周人"祖文王而宗武王")在明堂。《左傳》：有太廟，無明堂。
《王制》《穀梁》：二伯。《公羊》以爲五伯，從《左傳》。③	《周禮》：大夫有刑。《左傳》："刑不上大夫。"(本出《禮記·曲禮》)

---

① 見《春秋》莊公五年："夏，夫人姜氏如齊師。"《穀梁傳》："師而曰如，衆也。婦人既嫁不踰竟，踰竟非禮也。"

② 見《春秋》莊公二十七年："冬，杞伯姬來。"《公羊傳》："其言來何？直來曰來，大歸曰來歸。"何休注："唯大夫妻，雖無事，歲一歸寧。"《左傳》："凡諸侯之女歸寧曰來，出曰來歸，夫人歸寧曰如某，出曰歸于某。"

③ 五伯，又作"五霸"。五伯具體所指，諸說不一。廖平《經話甲編》謂"《左傳》以齊桓、晉文、楚莊、吳王、越王爲五伯"。

④ 世室，意即世世不毀之廟。見《公羊春秋》文公十三年："世室屋壞。"《公羊傳》《穀梁傳》均釋世室爲魯公伯禽之廟。《穀梁傳》《左傳》所載經文則作"大室"，"大室猶世室"(《穀梁傳》)。

| 《穀梁》言用皆不得禮。《公羊》於用下有合禮不合禮。 | 《周禮》：刖者爲閽。① 《左傳》："刑人不在君側。"（本出《禮記·曲禮》） 《國語》：日祭、月享、時祀。 《左傳》：用時祭，無日、月祭。 |

案：《公羊》今學，有改今從古之條；《左傳》古學，有從今改古之條。蓋《公羊》居近燕趙，有雜采；《左傳》屈於經文，不能不宛轉求通。二家其事相同，一因乎地，一求合於經之故也。姑發其例如此，不詳錄也。《王制》《周禮》《國語》《孝經》皆自成一説，不求合於人，故與二《傳》不同。

今古各經禮制有無表

	今《穀梁》	今《公羊》	古《周禮》	古《左傳》	古《國語》	古《孝經》
同會同。②	無	無	有	無	不見	無

---

① 見《周禮·天官·叙官》："閽人，王宮每門四人，囿游亦如之。"《周禮·秋官·掌戮》："墨者使守門，劓者使守關，宮者使守內，刖者使守囿，髠者使守積。"孔穎達《毛詩正義》："王宮之與囿遊所守門者，其官皆曰閽人，是閽之用人，非獨奄也，""墨、刖皆亦爲閽，非獨宮刑者矣"。

② 會同，泛指天子有事而會合諸侯。析言之，則"時見曰會"（不定時會見），"殷見曰同"（聚衆會見。殷者，衆也。語出《周禮·春官·大宗伯》）。

祧廟	無	無	有	有	有	無
壇墠①	無	無	有	有	有	無
太廟	有	有	無	有	無	不見
明堂	無	無	有	有	有	有
世室	有	有	無	有	無	不見
禘	有	有	無	有	有	有
祫	有	有	無	無	無	無
原廟②	無	無	有	有	有	不見
宗	無	無	有	無	有	不見
遇③	無	無	無	無	有	不見
祔主④	無	無	有	有	有	不見
三公	有	有	有而不同			不見
六卿	無	無	有	有	有	不見
監	有	有	有	無	無	不見

案：以上禮制有無，舊説多牽混言之。今表其有無，無者

---

① 壇墠(shàn)，見《禮記·祭法》："天下有王，分地建國，置都立邑，設廟、祧、壇、墠而祭之。"鄭玄注："封土曰壇，除地曰墠。"墠即經過清掃的平地。

② 原廟，正廟之外所立宗廟。原，再也。

③ 宗、遇，皆指諸侯以時朝見天子。見《周禮·春官·大宗伯》："春見曰朝，夏見曰宗，秋見曰覲，冬見曰遇。"

④ 祔(fù)，即祔祭，指將死者的神主附於先祖旁而祭，在卒哭的次日舉行。祔主，即"祔而作主"(《左傳》僖公三十三年)，指祔祭時作神主。

即可不言此禮。擬通撰定一表，姑發其例如此。

今古各經禮制同名異實表

	今《穀梁》	今《公羊》	古《周禮》	古《左傳》	古《國語》	古《孝經》
禘	夏祭	大祀太廟	不見	大祀太廟	祀天帝	春祭
郊	祀天	祀天配人鬼	不見	祈穀、祀后稷	祀上帝	祀后稷以配天
社	祀地祇	同左①	祀人鬼	同左	同左	祀地祇
雩	祈雨	同左	祈雨、祈穀	同左	同左	不見
五等爵名	非實爵	同左	實爵	非實爵	實爵	同左
五爵封地	三等	同左	五等	五等	五等	同左
三公	司徒、司馬、司空	同左	太師、太傅、太保	同左	同左	同左

① 同左，原作"同上"。鑒於本書已改爲橫排版，故"同上"改爲"同左"。下同。

喪中不祭	群廟皆不祭	同左	惟新祔主①不祭	同左	同左	不見
喪中祭	郊天不廢	同左	群廟皆祭	同左	同左	不見
三軍	方百里所出	同左	方五百里所出	同左	同左	不見
七廟	太祖、三昭、三穆	同左	不見	考廟、四親廟、二祧②	同左	不見
服	三服③	同左	五服④	同左	同左	不見

① 祔主,原作"坿主"。前《今古各經禮制有無表》及卷下第八十三則皆言"祔主",據改。

② 考廟,父廟。四親廟,王考廟、皇考廟、顯考廟、祖考廟,即祖廟、曾祖之廟、高祖之廟、高祖之父廟。二祧,語出《禮記·祭法》:"遠廟爲祧,有二祧。"何謂二祧,諸説不一:一説指受命祖周文王、周武王之廟(鄭玄説);一説指高祖之父與高祖之祖之廟,即親限過四代的最近兩代先祖廟(王肅説);一説"當一爲祖考之考,一爲祖考之王考",即親限過五代的最近兩代先祖廟(王引之説)。皮錫瑞主鄭説,撰《天子七廟二祧考》,於此有詳細的考辨。

③ 三服,王城以外的甸、采、流三個區域。服,服事天子也(鄭玄説)。見《王制》:"千里之内曰甸,千里之外,曰采曰流。"

④ 五服,王城以外的侯、甸、綏、要、荒五服(《書·禹貢》等),一説指侯、甸、男、采、衛五服(《書·康誥》)。《周禮·職方氏》言王畿外有侯、甸、男、采、衛、蠻、夷、鎮、藩九服(又稱"九畿")。廖平認爲"九畿即《禹貢》之五服","大綱師爲五服,細目則爲九服"(氏著《群經凡例·周官考徵凡例》)。

附庸	不及方五十里	同左	不見	同左	同左	不見
公卿	執事在古學爲大夫	同左 同左	不執事在今學爲公	執事 同左	不執事 同左	不見 不見

案：以上各經同名異實者，此當分別觀之。後儒不知，混爲一説，則名實淆矣。擬撰《群經同名異實表》，姑發其例如此。

今古各經禮制同實異名表

	今《穀梁》	今《公羊》	古《周禮》	古《左傳》	古《國語》	古《孝經》
春祭	祠	礿 yuè	同左	郊	不見	禘
夏祭	禘	祠	禴（"礿"之古文）	雩	不見	無
太廟	太廟	同左	郊	太廟	郊	郊
宗廟	世室	同左	明堂	世室	明堂	明堂
禮官	司徒	同左	宗伯	同左	同左	不見

功德祭	因祭	同左	五祀①	同左	同左	不見
朝	四時同名	同左	四時異名	四時同名	四時異名	不見
②	庶人在官	同左	府史胥徒			不見
方伯	方伯	同左	牧	州牧	牧	不見
井田	一井八家	同左	一井九家	同左	同左	不見

案：以上各經同實異名者，此當分別觀之。後儒不知，混爲一説，則名實淆矣。擬撰《群經同名異實③表》，姑發其例如此。

---

① 五祀，古文家認爲指木、火、金、水、土五行之神，"木正曰句芒，火正曰祝融，金正曰蓐收，水正曰玄冥，土正曰后土，皆古賢能治成五行有功者，主其神祀之"（《太平御覽》卷五二九引《漢舊儀》）。
② 按：此處原缺標目，所缺疑爲"吏"字（黃海德説）。
③ 據文意，"同名異實"疑當作"同實異名"。

今古學魯齊古三家經傳表

魯	齊	古
《易》亡	《田何易》	《費易》
《書》亡	伏生《尚書》	《古文尚書》
《魯詩》	《齊詩》附《韓詩》。	《毛詩》
《穀梁春秋》	《公羊春秋》	《左傳春秋》
《高堂儀禮》	后倉、大小戴《記》	《周禮》
今《孝經》不分魯、齊	同左	古《孝經》孔氏
《魯論語》	《齊論語》	古《論語》

案：今、古之分，魯篤守《王制》，於今學爲純；古學全用《周禮》，於古爲純。南北相馳，辛甘異味。齊學本由魯出，間居兩大之間，不能不小（稍）用古學，如《公羊》是也。漢博士唯齊學盛，以伏生、公孫弘①皆齊學也。魯學《易》《書》皆不傳，蓋亡在漢初，非舊亡也。

今立此表以明三派，以魯、古爲準，齊消息（增減，斟酌）於其中。亦如《春秋》日、月、時例，月在中無正例（參廖平《何氏公羊解

---

① 公孫弘（前200—前121），字季，西漢薛縣（治今山東滕州南）人。獄吏出身，後習《春秋》雜說，漢武帝時應徵爲博士。以"習文法吏事，而又緣飾以儒術"見用，升任丞相，封平津侯。

詁三十論·無月例論》),三學之齊即《春秋》之月例也。

鄭君以後今古學廢絕表

武帝	宣帝	元帝	平帝	光武	章帝	魏	晉
楊氏	施氏	同左	同左	施氏	同左	鄭《易注》	鄭《易注》王①《易注》
	孟氏	同左	同左	孟氏	同左		
	梁丘氏	同左	同左	梁丘氏	同左	亡	
		京氏	同左	京氏	同左	亡	
歐陽氏	同左	同左	同左	歐陽氏	同左		
	大小夏侯	同左	同左	大小夏侯	同左		
			古文	不立	古文受學。	鄭《書注》	鄭《書注》
魯齊韓	同左 同左 同左	同左 同左 同左	同左 同左 同左	魯齊韓	同左 同左 同左	不立 不立	亡 亡

---

① 王,指曹魏經學家王肅。

			毛	不立	毛受學。	鄭《毛詩箋》	同左
后氏	大小戴氏	同左	同左	大小戴氏	同左	鄭《禮記注》	同左
				不立	同左	鄭《儀禮注》	同左
			《逸禮》	不立	同左	亡	
			《周禮》	不立	同左	鄭《周禮注》	同左
公羊	同左	同左	同左	顏氏 嚴氏	同左	何注	同左
	穀梁	同左	同左	不立	穀梁受學。		范注
				左氏 後廢。	左氏受學。	賈、服注	賈、服注 杜①注

---

① 杜,指杜預,著有《春秋經傳集解》。

今學盛於西漢、古學盛於東漢表

今學	古學
《楊氏易》武帝時立，光武時未立。 《施氏易》孝宣時立，光武時復立。 《孟氏易》孝宣時立，光武時復立。 《梁丘氏易》孝宣時立，光武時復立。 《京氏易》元帝時立，光武時復立。	《費氏易》西漢未立。東漢陳元、鄭衆傳其學，馬融作傳，鄭玄作注。
《歐陽尚書》武帝時立，光武時復立。 《大小夏侯尚書》孝宣時立，光武時復立。	《孔氏古文尚書》平帝時立，光武時未立。肅宗（漢章帝）時詔高才生受杜林，傳其學。① 賈逵作訓，馬融作傳，鄭玄作注。
《魯詩》文帝時立，光武時復立。 《齊詩》孝宣時立，光武時復立。 《韓詩》孝文時立，光武時復立。	《毛詩》平帝時立，光武時復立。肅宗時詔高才生受衛宏。鄭衆好其學，衛宏作序，馬融作傳，鄭玄作箋。

---

① 按：《後漢書·儒林傳》云："（肅宗）詔高才生受《古文尚書》《毛詩》《穀梁》《左氏春秋》。"（《章帝紀》略同）肅宗詔書當是令高才生受杜林、衛宏、鄭興等所傳之學，而非徑受其教，當時杜林等已卒。

《大戴禮》孝宣時立,光武時復立。 《小戴禮》孝宣時立,光武時復立。 《慶氏禮》未立。	《周官禮》王莽時立。中興,鄭衆傳其學,馬融作傳,鄭玄作注。
《公羊春秋》宣帝時立,光武時復立。 《穀梁春秋》孝宣時立,光武時未立。	《左氏春秋》平帝時立,光武時立,後罷。肅宗時,詔高才生受鄭興。陳元傳其學,賈逵作訓,服虔作注。
附: 《高氏易》未立。 今《孝經》 今《論語》趙岐說有博士。	附: 古《孝經》未立。 古《論語》未立。

案:今學盛於西漢,屏斥古學不得顯;古學盛於東漢,今學寖(jìn,逐漸)微。二學積爲仇敵,相與參商(二星名。參星在西,商星在東,此出彼沒,永不相見。喻彼此對立,不相和睦)。馬融指博士爲俗儒,何休詆古文爲俗學。可見鄭君以前,二學自爲水火,不苟同也。

今古學經傳存亡表

《楊氏易》《漢志》(《漢書·藝文志》)不著錄。 《施氏易》《隋志》(《隋書·經籍志》):亡於西晉。 《孟氏易》《隋志》:八卷,殘缺。梁十卷。《舊唐志》(《舊唐書·經籍志》)有十卷,《宋志》(《宋史·藝文志》)無。 《梁丘氏易》《隋志》:亡於西晉。 《京氏易》《隋志》有十卷,《宋志》無。 《高氏易》《隋志》:亡於西晉。	《費氏易》《隋志》無,《舊唐志》有,《宋志》無。
《歐陽尚書》《隋志》:亡於永嘉之亂。 《大小夏侯尚書》《隋志》:亡於永嘉之亂。	《孔氏古文尚書》《隋志》《舊唐志》有馬注,《宋志》無。
《魯詩》《隋志》:亡於西晉。 《齊詩》《隋志》:魏代已亡。 《韓詩》《隋志》有二十二卷,無傳之者。今存《外傳》。	《毛詩》今存。

《大戴禮》今存。 《小戴禮》《禮記》今存。 《慶氏禮》《儀禮》今存。	《周官禮》今存。
《公羊春秋》今存。 《穀梁春秋》今存。	《左氏春秋》今存。
今《孝經》張禹注，《隋志》已無。	古《孝經》今存。
今《論語》張禹注，《隋志》已無。	古《論語》今存。
案：今學書，今唯存《韓詩外傳》《大小戴》《慶禮》《公羊》《穀梁春秋》五家，餘十二家亡。	案：古學書，唯《易》《尚書》亡，餘今皆存。蓋今學盛於西漢，至於哀、平（漢哀帝、漢平帝），古學乃興，以後皆古學弟子，故今學浸（逐漸）微。魏晉之後，今經遂亡。鄭注古學，兼采今學，今學之亡，鄭氏之過也。

今古學考　卷下

經　話

舊擬《今古學三十論目》，欲條説之，倉卒未能撰述。謹就《經話》①中取其論今、古學者，以爲此卷。中多未定之説，俟有續解，再從補正。

一

今、古二派，各自爲家，如水火、陰陽，相妨相濟。原當聽其別行，不必强爲混合。

---

① 《經話》，廖平所撰著作。光緒《井研縣志·藝文志》云："前人著書，……説經之書從無以'話'名者。平以經説體製尊嚴，瑣事諧語不便收録，因以'話'名，意取便俗。"《經話》分多次撰成，其中包含"論今、古學"部分的早期原稿已散佚，後有續撰，今存《甲編》《乙編》。

許君《異義》本如《石渠》①《白虎》②，爲漢制作。欲於今、古之中，擇其與漢制相同者，以便臨事緣飾經義，故累引漢事爲斷。又言"叔孫通③制禮"（見陳壽祺《五經異義疏證》卷中引許愼《五經異義》）云云，皆爲行事計耳。至書之并行，兩不相背，則不欲混同之也。

　　鄭君駁《異議》時，猶知今、古不同，各自成家；至於撰述，乃忘斯旨。注古《周禮》用《王制》，箋《毛傳》用《韓詩》，注《古文尚書》用夏侯、歐陽説。夫説經之道，與議禮不同。議禮可以斟酌古今，擇善而從；説經則當墨守家法，雖有可疑，不能改易，更據別家爲説。今注古學，乃欲兼有今學之長，采今易古。正如相者嫌一人耳目不好，乃割別人耳目補之，不惟無功，而且見過。使鄭君作注時，猶存駁《異義》之見，則分別今、古，先師之法不致盡絕。乃前後異轍，使今、古之派，遂至漢末而絶也，惜哉！

---

　　① 《石渠》，指《石渠議奏》或《石渠論》。是書根據漢宣帝時石渠閣會議期間的講論奏疏整理而成。《漢書·藝文志》所載有《書》《禮》《春秋》《論語》四經議奏和《五經雜議》，凡一百五十五篇，今俱佚。

　　② 《白虎》，指《白虎議奏》和《白虎通義》，是根據漢章帝時白虎觀經學辯論的情況整理而成。其中《白虎議奏》爲衆儒的奏章和皇帝的批答，隋唐以後已佚。《白虎通義》由班固將辯論的結論分類編纂，今存四十三篇。

　　③ 叔孫通，西漢初薛縣（治今山東滕州南）人。曾爲秦博士。入漢後，先後任博士、太常、太子太傅。定朝制典禮，"卒爲漢家儒宗"。

二

許君雖於今、古互有取舍，不過爲漢制緣飾。至於各經家法，聽其別行，不欲牽合之也。

如明堂説，許案云："今禮、古禮各以其義説，無明文以知之。"又《公羊》《左氏》説朝聘不同，①許案云："《公羊》説，虞(舜有天下之號)夏制；《左氏》説，周禮。《傳》曰三代不同物(《左傳》定公元年作"三代各異物")，明古今異説。"("明堂説"以下至此，見陳壽祺《五經異義疏證》卷中引《五經異義》)是許以今、古不同，不欲混通也。

又諸侯夫人喪，《公羊》《左氏》異説。許案云："《公羊》説：同盟諸侯薨，君會葬；其夫人薨，又會葬。是不遑國政，而常在路。《公羊》《左氏》説俱不別同姓、異姓。《公羊》言當會，以爲同姓也；《左氏》云不當會，據異姓也。"(見陳壽祺《五經異義疏證》卷下引《五經異義》)是許以今、古各有所據，不欲强同也。

至其餘條，或云從《左氏》，或云從《周禮》，亦自定一尊，不欲含混。至鄭氏著書，乃全與此意反矣。

---

① 見許慎《五經異義》："《公羊》説諸侯比年一小聘，三年一大聘，五年一朝天子。《左氏》説十二年之間八聘、四朝、再會、一盟。"

三

《異義》久亡,今就陳氏輯本考之,所存將近百條。今與今同,古與古同,各爲朋黨,互相難詰,以其門户原異,故致相歧也。中惟三條古與今同①者。

《穀梁》説"葬不爲雨止"(《穀梁傳》定公十五年原文云:"葬既有日,不爲雨止,禮也。"),統尊卑而言。《左氏》説:庶人不爲雨止。《公羊》説:"雨,不克葬"(《春秋》宣公八年、定公十五年),謂天子、諸侯也。卿大夫,臣賤,不能以雨止("《穀梁》説"以下至此,見陳壽祺《五經異義疏證》卷下引《五經異義》)。此《公羊》參用古學之言也。

《公羊》説:臣子先死,君父名之。《左氏》説:既没,稱字而不名。許以爲《穀梁》同《左氏》("《公羊》説"以下至此,見陳壽祺《五經異義疏證》卷下引《五經異義》)。案:此皆後師附會之説,於經傳無明文,同異無關於今、古禮制者也。

又引《魯詩②》説,丞相匡衡以爲宗廟宜毁;《古文尚書》説,宗廟不毁。許據《公羊》御史大夫貢禹説,同《古文尚書》不毁("《魯詩》説"以下至此,見陳壽祺《五經異義疏證》卷下)。案:毁與

---

① 同,原誤作"異"。卷上《〈五經異義〉今與今同古與古同表》案語言《春秋三傳》《尚書》古與今同的誤説有三條,據改。

② 魯詩,當作"齊詩"。陳壽祺案語稱:"匡衡習《齊詩》,此云魯説,蓋傳寫誤,當作齊説。"

不毀,經無其證,凡此所同,皆無明據,至於大綱,無或參差也。

四

孔子初年問禮,有"從周"之言,① 是尊王命、畏大人之意也。至於晚年,哀道不行,不得假手自行其意,以挽弊補偏。於是以心所欲爲者,書之《王制》,寓之《春秋》,當時名流莫不同此議論,所謂因革繼周之事也。

後來傳經弟子因爲孔子手訂之文,專學此派,同祖《王制》。其實孔子一人之言,前後不同。予謂"從周"爲孔子少壯之學,"因革"爲孔子晚年之意者,此也。

五

鄭君注《禮記》,凡遇參差,皆爲殷周異制。原今、古之分,實即此義。鄭不以爲今、古派者,蓋兩漢經師已不識《王制》爲今學之祖,故許君以《公羊》朝聘爲虞夏制(參本卷第二則及腳注),鄭君以《王制》爲殷禮。但知與《周禮》不合,而不知此爲孔子手訂之書,乃改周救文大法,非一代所專,即今學之

---

① 見《論語·八佾》:"子曰:'周監於二代,郁郁乎文哉!吾從周。'"又見《禮記·中庸》:"子曰:'吾説夏禮,杞不足徵也;吾學殷禮,有宋存焉;吾學周禮,今用之,吾從周。'"

本也。今於數千年後得其根源,繼絕扶微,存真去僞,雖清劃繁難,固有不能辭者矣。

六

《王制》《祭統》,今學;《祭法》,古學。二者廟制、祭時一切不同,且故意相反。兩漢經師言廟制、祭儀,皆牽混説之;特以之注經,則自鄭君始。議禮之事各有意見,多采輯諸説以調停其間,不能由一人之意,此議禮之説多不可據也。

七

今、古經本不同,人知者多。至於學官皆今學,民間皆古學,則知者鮮矣。知今學爲齊魯派,十四博士[①]同源共貫,不自相異;古學爲燕趙派,群經共爲一家,與今學爲敵,而不自相異,則知者更鮮矣。知今學同祖《王制》,萬變不能離宗;《戴禮》今、古雜有,非一家之説;今、古不當以立學不立學爲斷;古學主《周禮》,隱與今學爲敵;今禮少,古禮多;今禮所異皆改古禮等説:則西漢大儒均不識此義矣,何論許、鄭乎!

---

① 十四博士,見《後漢書·儒林傳》:"及光武中興……。於是立五經博士,各以家法教授,《易》有施、孟、梁丘、京氏,《尚書》歐陽、大小夏侯,《詩》齊、魯、韓,《禮》大小戴,《春秋》嚴、顏,凡十四博士,太常差次總領焉。"

八

魯、齊、古三學分途，以鄉土而異。鄒與魯近，孟子云"去聖人居，若此其近"（《孟子·盡心下》原作："近聖人之居，若此其甚也。"），蓋以魯學自負也。荀子趙人，而游學於齊，爲齊學。《韓詩》，燕人傳今學而兼用古義，大約游學於齊所傳也。《儒林傳》（《漢書》篇名）謂其説頗異，而其歸同。蓋同鄉皆講古學，一齊衆楚，①不能自堅，時有改異，此韓之所以變齊也。而齊之所以變魯者，正亦如此。予謂學派由鄉土風氣而變者，蓋謂此也。

九

群經之中，古多於今，然所以能定其爲今學派者，全據《王制》爲斷。《三朝記》知其爲今學者，以與《王制》合也。《禮記·冠、昏、鄉飲、射義》所以知爲今學者，以與《王制》同也。同者從同，異者自應從異，故舊説淵源，皆不足據。蓋兩漢末流，此意遂失，混合古、今，雖大家不免。如劉子政（劉向，

---

① 一齊衆楚，指教一人説齊語，却有衆多楚人喧擾。比喻没有好的環境，施教不可能成功。典出《孟子·滕文公下》："有楚大夫於此，欲其子之齊語也。……一齊人傅之，衆楚人咻之，雖日撻而求其齊也，不可得矣。"

见卷上《〈汉·艺文志〉今古学经传师法表》脚注)有古礼制,马融说六宗偶同伏说是也。① 审淄渑②,定宫徵,毫釐之差,千里之失,不亦难哉!

十

初疑今派多於古,继乃知古派多於今。古学《周礼》与《左传》不同,《左传》又与《国语》不同,至於《书》《诗》所言,更无论矣。盖《周礼》既与《国语》《周书》③不同,《左传》又多缘经立义之说。且古学皆主史册,周历年久,掌故事实多不免歧出,故各就所见立说,不能不多门。至於今学,则全祖孔子改制之意,只有一派,虽后来小有流变,然其大旨相同,不如古学之纷繁也。

---

① 六宗,古代尊祀的六神。典出《书·舜典》:"禋于六宗。"六宗具体所指,汉以来说法不一。伏胜《尚书大传》认为指天、地、春、夏、秋、冬,为今文义。郑玄注引马融说,认为指日、月、星辰、泰山、河、海,而自断以星、辰、司中、司命、风师、雨师,为古文义。《续汉书·祭祀志》刘昭注、《尚书·舜典》孔颖达疏并引马融六宗义,则同伏生。说参清俞正燮《癸巳类稿》卷一"虞六宗义"条、陈寿祺《五经异义疏证》卷上"六宗"条。

② 淄渑,淄水和渑水的并称。二水皆在今山东省。相传二水味异,合则难辨。后以淄渑喻合则难辨的事物。说见《列子·说符》。

③ 《周书》,又称《逸周书》,主要记载周代诰誓号令的历史文献。《汉书·艺文志》著录为"《周书》七十一篇"。今存六十篇(并序),有晋代孔晁注本。廖平谓是书"出於东汉以后,杂采诸书而成"。

十一

《論語》:"周監於二代,郁郁乎文哉!吾從周。"(《論語·八佾》)此孔子初年之言,古學所祖也。"行夏之時,乘殷之輅(lù。又作"路"。古代車名,多指君王所乘大車。殷人質實,故用木輅,易製而通行),服周之冕,樂則《韶》(虞舜樂名。孔子歎其盡善盡美,故欲用之)舞。"(《論語·衛靈公》)此孔子晚年之言,今學所祖也。又言夏殷因革,繼周者百世可知。①

案:《王制》即所謂繼周之王也,因於周禮,即今學所不改,而古、今同者也,其損益可知。《王制》改周制,皆以救文勝之弊,因其偏勝,知其救藥也。年歲不同,議論遂異。春秋時諸君子皆欲改周文以相救,孔子《王制》即用此意,爲今學之本旨。何君(東漢經學家何休)解今禮,以爲《春秋》有改制之文,即此意也。特不知所改之文,全在《王制》耳。

十二

今、古之分,鄭君以前無人不守此界畔。伏《尚書》、三家《詩》無論矣。何君《公羊解詁》不用古説,其解與《周禮》不

---

① 見《論語·爲政》:"子曰:'殷因於夏禮,所損益可知也;周因於殷禮,所損益可知也。其或繼周者,雖百世可知也。'"

同者，皆以爲《春秋》有改制之事，不強同《周禮》，此今學之派也。

至於許君《說文》用古義，凡今文家皆以博士說目之，屛爲異義。至於杜、鄭、興、衆父子。賈、馬，其注《周禮》《左傳》《尚書》，①皆不用博士說片言隻字。《五經異義》：馬有以今學長於古義一條目（即本卷第九則所稱"馬融說六宗偶同伏說"）。今說既爲俗儒，不可據以爲用今學也。至於引用諸書，亦惟用古派，從不用《王制》。其分別異同，有如陰陽、水火之不能強同。鄭司農注《大司徒》五等封地②，全就本經立說，不牽涉《王制》。其注諸男方（方爲計量面積用語，指縱橫的長度）百里一條云："諸男食（sì，指以賦稅供養）者四之一（句意謂各男國可收取賦稅的土地占其土地總量的四分之一〔其餘的賦稅歸天子〕），適方五十里，獨此與五經家說合耳。"（《周禮》鄭玄注引《鄭司農解詁》）其所謂之五經家者，即《王制》子、男五十里之說也。《異義》謂之今文，《說文》目爲博士，斥爲異說，不求雷同。即此可見東漢分別今、古之嚴。

----

① 杜，指杜子春，著有《周禮杜氏注》等。鄭興，官至太中大夫，故又稱鄭大夫。著有《周禮鄭大夫解詁》等。鄭衆，官至大司農，故又稱鄭司農。著有《周禮鄭司農解詁》《婚禮謁文》《春秋牒例章句》等。賈，指賈逵，著有《周禮賈氏解詁》《尚書古文訓》《左氏傳解詁》《左氏長經》等。馬，指馬融，著有《周官傳》《春秋三傳異同說》《尚書馬氏傳》等。以上學者均爲東漢古文家，著作已佚。

② 《周禮·地官·大司徒》言五等封地云："諸公之地，封疆方五百里，其食者半；諸侯之地，封疆方四百里，其食者參之一；諸伯之地，封疆方三百里，其食者參之一；諸子之地，封疆方二百里，其食者四之一；諸男之地，封疆方百里，其食者四之一。"

自鄭康成出，乃混合之。可含混者，則含混説之；文義分明者，則臆斷今説以爲殷禮。甚至《曲禮》古文異派，亦以爲殷禮。鄭君受賈、馬之學而兼采今文，今欲删其混合，以反（同"返"）杜、馬之舊。須知此非予一人之私言，乃兩京（本指西漢都城長安、東漢都城洛陽，此代指兩漢）之舊法，試爲考釋，必知不謬矣。

十三

今、古之混亂，始於鄭君，而成於王子雍①。大約漢人分别古、今甚嚴，魏晉之間厭其紛爭，同思畫一。鄭君既主今、古混合，王子雍苟欲争勝，力返古法，足以摧擊鄭君矣。殊乃尤而效之，更且加厲。

《家語》《孔叢》皆其僞撰，乃將羣經今、古不同之禮，托於孔子説而牽合之。如《王制》廟制，今説也；《祭法》廟制，古説也。各爲規模，萬難强同者也。而《家語》《孔叢》之言廟制者，則揉雜二書爲一説。

鄭君之説，猶各自爲書；至於王氏，則并其堤防而全潰之。後人讀其書，愈以迷亂，不能復理舊業，皆王氏之過也。故其混亂之罪，尤在鄭君之上。欲求勝人，而不知擇術，亦愚矣哉！

---

① 王子雍，即王肅（195—256），字子雍，三國魏東海（郡治今山東郯城附近）人。官至中領軍，加散騎常侍。善賈逵、馬融之學，而不喜鄭玄之學。融今、古學，采會同異，曾爲《尚書》《詩經》《論語》、三《禮》、《左傳》等作注。

十四

鄭君以前，古學家著書，不惟不引據《王制》師説，并《公》《穀》二傳、三家《詩》、《今文尚書》、今《易》，凡今學之言，避之如洪水猛獸。惟其書今、古雜有，或原無今、古派之分者，乃用之。如杜、鄭、賈、馬之引《孟子》《論語》《禮記》是也。引《春秋》，則惟《左氏傳》。至於引二《傳》"跛者迓（yà，迎接）跛者"條（見《公羊傳》成公二年，《穀梁傳》成公元年），則亦但引其文句而不言書名，皆足見其門户之峻厲也。

十五

《禮運》《禮器》《郊特牲》孔子告子游，①皆古學説，此孔子未作《春秋》以前"從周"之言。至於作《春秋》以後，則全主今學，如《大戴》告哀公之《三朝記》，全與《王制》《穀梁》合是也。孔子傳今學派時，受業早歸者未聞，故弟子有專用古學者。又或别爲不受業之隱君子所爲。然大約出於受業者多，因欲與受業之今學分别，故權以古學爲不受業，非弟

---

① 按：廖平認爲《禮運》《禮器》《郊特牲》三篇當合爲一大傳，稱"《禮運》三篇"，爲子游大同學，"記夫子與子游論禮之言"。説詳氏著《禮運禮器郊特牲訂》，又見本卷第六十四則。

子遽無古學者也。

十六

《緯》云："志在《春秋》，行在《孝經》。"（《禮記·中庸》鄭玄注引《孝經緯》）《孝經》皆已成之迹，《春秋》則虛托空言。故予意以《孝經》爲古學，《春秋》爲今學，《論語》爲今、古雜。以《孝》屬行，行必從周；《春秋》屬志，志有損益；《論語》少壯、晚年之語皆有，故不一律，大約從今者多。至於《孝經》有今學，《春秋》有古學，《論語》有今、古兩派，此皆後來附會流派，孔子當日不如此分別也。

十七

《論語》"因革""損益"，唯在制度，至於倫常義理，百世可知。故今、古之分，全在制度，不在義理，以義理今、古同也。至於弟子之大義，經師之推衍，乃有取舍不同、是非異致之説。揆(kuí，衡量)之於初，無此分別。

《異義》所録師説，半皆東漢注解家言，索虛爲實，化無爲有，種種附會，都非原旨。然既欲各立門户，則好惡取舍，亦不能不小有改動。言各異端，亦不必强同，但讀者須知此非今、古正義，不蔽錮於許説，可也。近言今、古派者皆本原於《異義》,今不盡據之。

十八

　　今、古之分,或頗駭怪,不知質而言之,沿革耳,損益耳。明之制不能不異於元,元之制不能不異於唐宋。今學多用殷禮,即仲弓"居敬"之意;①古學多用周禮,即《中庸》"從周"之意。今制與古不同,古制與今異派,在末流不能不有緣飾附會之説。試考本義,則如斯而已,故不必色駭而走也。

十九

　　魯爲今學正宗,燕趙爲古學正宗。其支流分派,雖小有不同,然大旨一也。

　　魯乃孔子鄉國,弟子多孔子晚年説,學者以爲定論,漢人經學,以先師壽終之傳爲貴,亦如佛家衣鉢真傳之説也。故篤信遵守。初本以解《春秋》,習久不察,各是所長,遂以遍説羣經。此魯之今學,爲孔子同鄉宗晚年説,以爲宗派者也。

　　燕趙弟子,未修《春秋》以前,辭而先反(同"返"),惟聞孔

---

① 仲弓,即冉雍,字仲弓,孔子弟子,以德行著稱。仲弓與孔子論"居敬",見《論語·雍也》:"仲弓問子桑伯子。子曰:"可也簡。"仲弓曰:'居敬而行簡,以臨其民,不亦可乎?居簡而行簡,無乃大簡乎?'子曰:'雍之言然!'"

子"從周"之言;已後改制等説未經面領,因與前説相反,遂疑魯弟子僞爲此言,依托孔子。如漢人傳經,別雜異端,乃自托於師終時手授其傳,故弟子不信其書之比。故篤守前説,與魯學相難。一時隱君子習聞周家故事,亦相與佐證,不信今學而攻駁之,乃有《周禮》《左傳》《毛詩》之作。自爲朋黨,樹立異幟,以求合於孔子初年之説。此古學派爲遠於孔子,兼采時制,流爲別派者也。

其實今學改者少,不改者多;今所不改,自當從古。凡解經,苟今學所不足,以古學補之,可也。齊人間於二學之間,爲鄉土聞見所囿,不能不雜采,乃心欲兼善,遂失所繩尺。不惟用今學所無,并今學有明文者,亦皆喜新好異,雜入古學。今不爲今,古不爲古,不能施行。然九家之中有雜家一派,則兼收并蓄,志在包羅,亦學人積習也。

昔人云:"仲尼没而微言絕,七十子没而大義乖。"①此之紛紜,大約七十子没之後乎!皆不善學者之所致耳。

二十

《易》《書》《詩》《春秋》《儀禮》《周禮》《孝經》《論語》,今、古之分,古人有成説矣;唯《戴記》兩書中,諸篇自有今、

---

① 語出《漢書·劉歆傳》所載《移讓太常博士書》,原文作:"夫子没而微言絕,七十子終而大義乖。"《漢書·藝文志》與此略異。

古,則無人能分別其説。蓋《戴記》所傳八十餘篇,皆漢初求書官私所得,有先師經説,有子史雜鈔,最爲駁雜。其采自今學者,則爲今學家言;采自古學者,則爲古學家言。漢人以其書出在古文之先,立有博士,遂同以爲今學。此今、古所以混淆之始,非鄭康成之過也。

然考《異義》,雖以《戴禮》爲今説,而杜、賈(東漢經學家杜子春、賈逵)諸家注《周禮》《左傳》,於《戴記》有引用之篇,有不引用之篇。是當時雖以《戴禮》爲今學,而古文家未嘗不用其説,足見其書之今、古并存矣。今之分別今、古,得力尤在將《戴禮》中各篇今、古不同者歸還本家。《戴記》今、古定,群經之今、古無不定矣。

予以《王制》爲今學之祖,取《祭統》《千乘》《虞戴德》《冠義》《昏義》《射義》《聘義》《鄉飲酒義》《燕義》等篇注之,附於今派。取《祭法》篇爲古《國語》説,又取《玉藻》《盛德》《朝事》等篇爲古《周禮》説,又以《曲禮》《檀弓》《雜記》爲古《春秋左氏》説。詳見《禮記今古篇目表》(即卷上《兩〈戴記〉今古分篇目表》)。至於其餘,或爲《儀禮》説,或爲《詩》《禮》《孝經》説,陰陽五行説,學問派、子史派、陰陽五行派,無今、古之分及今、古雜用者,都爲考訂。每篇各自爲注,以類相從。再不求通別家,牽混異解。《戴記》一明,則群經無不大明。蓋以《記》中諸篇,經説居十之七八,自別入《記》中,經不得記不能明,記不得經無以證,仳儷(pǐlí,又作"仳離",背離)兩傷,甚至援引異説以相比附,故注解愈多,經意愈晦,經學亦愈亂。今爲合之,如母得子,如石引鍼,瓜分系別,門户改觀,群經因此大明。故云得力處全在解得《戴記》。

予以《王制》解《春秋》,無一字不合,自胡、董(漢初公羊家胡毋生、董仲舒)以來絶無此説。至以《戴記》分隸諸經,分其今、古,此亦二千年不傳之絶學。微言大義,幸得粗窺,故急欲成之。或以此説爲過奇,不知皆有所本,無自創之條。特初説淺而不深,偏而不全,心有餘而力不足,形近是而實則非。久乃包羅小大,貫穿終始。采花爲蜜,集腋成裘,無一説不本前人,無一義仍襲舊説,積勞苦思,歷數年之久。於盤根錯節,外侮内憂,初得彌縫完善,而其得力尤在分隸《戴記》。觀前表及《兩戴章句凡例》(又稱《分撰兩戴記章句凡例》,廖平撰,刊於光緒十二年[1886]十一月)可見。

二十一

或問:《王制》制度,孔子全用殷禮,抑亦別有所本?

曰:孔子答顏子參用四代(見《論語‧衛靈公》:"顏淵問爲邦。子曰:'行夏之時,乘殷之輅,服周之冕,樂則《韶》舞。'"),《王制》言巡狩與《堯典》合(兩者均言天子"五年[載]一巡守"),則不獨殷禮矣。又《緯》云殷五廟,周七廟(見《禮記‧王制》孔穎達正義引《孝經鈎命決》:"殷五廟,至子孫六;周六廟,至子孫七。")。尹更始説《穀梁》七廟,據周(見《禮記·王制》孔穎達正義引盧植說:"《穀梁傳》'天子七廟',尹更始說'天子七廟',據周也。")。天子稱崩,劉向說亦云據周(參劉向《說苑·修文》。廖平《穀梁春秋經傳古義疏》[以下簡稱《穀梁古義疏》]謂"劉子云崩薨從周")。是《王制》參用四代之證。

然《中庸》云:"吾說夏禮,杞不足徵;吾說①殷禮,有宋存焉。"是春秋時,夏以前禮制皆殘缺不可考。大約孔子意在改制救弊,而虞樂、夏時以外,多不可考,故建國立官,多用殷制。《緯》云《春秋》用殷制,是也。《說苑》引伊尹說三公、九卿、二十七大夫事,與董子(董仲舒)同,是立官用殷禮也。《緯》云:"殷爵三等,周爵五等。"②今爵五而地三,是亦用殷禮也。《春秋》有故宋之說;③《穀梁》主王後、其先殷人二義;④孔子卒,

———————

① 說,《中庸》原作"學"。
② 語出《白虎通義·爵》引《禮緯·含文嘉》:"殷爵三等,周爵五等。"《漢書·王莽傳上》顏師古注"殷爵三等"曰:"公一等,侯二等,伯、子、男三等。"注"周爵五等"引蘇林曰:"公、侯、伯、子、男也。"
③ 故宋,公羊學"通三統"觀點之一,指王者尊賢必存二王之後,而宋爲殷後之大國,於孔子爲故,於新封之周爲故,於三統之序爲故。《春秋》有故宋義,如襄公九年春經曰:"宋災。"《穀梁傳》:"外災不志,此其志何也? 故宋也。"
④ 見《春秋》僖公二十五年:"宋殺其大夫。"《穀梁傳》:"其不稱名姓,以其在祖之位,尊之也。"《漢書·梅福傳》引此經傳之文,并曰:"此言孔子故殷之後也,雖不正統,封其子孫以爲殷後,禮亦宜之。"廖平《起起穀梁廢疾》亦曰:"《穀梁》故宋有二義,在國則主王後,在大夫則主先祖。"

殯用殷禮。故《春秋》見司馬、司城二官,明改制用殷禮三公也。①

《殷本紀》:伊尹説湯以素王之法,②與《春秋》素王義同。史公(太史公司馬遷)素王妙論,亦以伊尹爲主,豈素王二字亦從伊尹來耶？説者以素爲從質之義,史公論范、計,③亦質家意,豈素王爲伊尹説樸質之教,孔子欲改周文,仿於伊尹從質之意而取素王,故《春秋》多用殷禮耶？

二十二

或以今、古爲新派。曰:此兩漢經師之舊法也。詳見前卷。

以《王制》主今學無據。曰:俞蔭甫④先生有成説矣。

以《國語》在《左傳》先爲無考。曰:此二書爲二人作,趙

---

① 見《春秋》文公八年:"宋人殺其大夫司馬。宋司城來奔。"廖平《公羊春秋經傳驗推補證》卷五曰:"司馬、司空,天子之三公也。宋何以言司馬、司城？宋王後,用天子禮樂,尊與諸侯異,故於宋言之也。"按:司城即司空。何休《公羊解詁》:"宋變司空爲司城者,辟先君武公名也。"

② 見《史記・殷本紀》:"或曰,伊尹處士,湯使人聘迎之,五反,然後肯往從湯,言素王及九主之事。"司馬貞《索隱》:"素王者,太素上皇,其道質素,故稱素王。"又見《莊子・天道》:"以此處下,玄聖素王之道也。"郭象注:"有其道爲天下所歸,而無其爵者,所謂素王自貴也。"

③ 范、計,指春秋時期越國的謀士范蠡、計然。計然爲范蠡之師。范蠡得計然之策,輔佐勾踐興越滅吳,功成身退,又經商以至巨萬,稱陶朱公。司馬遷在《史記・貨殖列傳》中稱這類民間貨殖大家爲"素封"。

④ 俞蔭甫,即俞樾(1821—1907),字蔭甫,號曲園,清浙江德清人。著有《群經平議》《諸子平議》《古書疑義舉例》等書,彙集爲《春在堂全書》。

甌北等早言之矣。①

《戴記》有今有古，鄭、馬注《周禮》《左傳》已有此決擇矣。今、古二家各不相蒙（覆蓋，包含），今、古先師早有此涇渭矣。以今、古分別禮説，陳左海②、陳卓人③已立此宗旨矣。解經各還家法，不可混亂，則段玉裁④、陳奐⑤、王劼⑥注《毛詩》已删去《鄭箋》矣。以《禮記》分篇治之，則《隋志》已有《中庸》《喪服》《月令》單行之解矣。今與今合，古與古合，不相通，許君《異義》早以類相從矣。考訂《戴記》簡篇，則劉子政、鄭康成已有分别矣。

今之爲説，無往非因，亦無往非創。舉漢至今家法融會而

---

① 見趙翼《陔餘叢考》卷二"《國語》非左丘明所撰"條。趙甌北，即趙翼（1727—1814），字雲崧，一字耘松，號甌北，清江蘇陽湖（在今江蘇武進）人。著有《廿二史劄記》《陔餘叢考》《甌北詩集》《甌北詩話》等。

② 陳左海，即陳壽祺（1771—1834），字恭甫，一字葦仁，號左海，晚號隱屏山人，清福建閩縣（今屬福建福州）人。精研漢學，注重家法，辨古今文。著有《五經異義疏證》《左海文集》等。

③ 陳卓人，即陳立（1809—1869），字卓人，又字墨齋，清江蘇句容人。於公羊學用力尤深，著有《公羊義疏》《白虎通疏證》等。

④ 段玉裁（1714—1825），字若膺，號懋堂，清江蘇金壇人。曾校定《毛詩故訓傳》，以復古時經傳別行之舊。著有《詩經小學》《周禮漢讀考》《儀禮漢讀考》《説文解字注》《六書音韻表》等。

⑤ 陳奐（1786—1863），字碩甫（又作石父、碩父），號師竹，晚自號南園老人，清江蘇長洲（在今江蘇蘇州）人。專攻《毛傳》，於西漢微言大義，莫不曲發其蘊。著有《詩毛氏傳疏》《毛詩説》《釋毛詩音》《鄭氏箋考徵》《三百堂文集》等。

⑥ 王劼（jié），字子任，又字海樓，四川巴縣人（今屬重慶）。治《毛詩》用功頗深。著有《毛詩讀》《尚書後案駁正》等。

貫通之，以求得其主宰；舉今、古存佚群經，博覽而會通，務還其門面，并行而不害，一視而同仁。彼群經今、古之亂，不盡由康成一人。今欲探抉懸解，直接卜、左①，則舉凡經學蒙混之處，皆欲積精累力以通之，此作《今古考》(《今古學考》)之意也。

二十三

今、古之分，於經傳以《王制》《周禮》、三《傳》、《戴記》爲證，於禮制以宗廟、禘祫、田税、命官、制禄爲證，可謂詳明。然此別其異同，試以"會同"明其意旨。《論語》有會同，是當時本有會同，故公西舉之，②此《論語》據古學之證也；《周禮》有會同，合於《論語》，是《周禮》用舊儀典册之證也；《春秋》無同，是孔子不守周禮，自立新制之證也；《左傳》無同，是《左傳》緣經立説，經所無者不能有之證也；《書·禹貢》《詩·車攻》有會同，此夏周有會同之旁證也；③《國語》《孝經》無會

---

① 卜，指卜商，字子夏，孔子弟子。相傳《詩》《公羊傳》《穀梁傳》等儒家經典皆由其傳授。左，指左丘明，司馬遷稱其爲"魯君子"，相傳著有《左傳》《國語》。不過廖平認爲，左丘明或即子夏，"三《傳》始師，皆爲子夏"(説見氏著《知聖篇》《穀梁古義疏》)。

② 公西，即公西赤，字子華，又稱公西華，孔子弟子。公西華以擅長禮儀應對著稱，曾自述其志："宗廟之事，如會同，端章甫，願爲小相焉。"(《論語·先進》)

③ 貢，原脱，據文意補。《書·禹貢》言會同，原文云："九河既道，雷夏既澤，灉沮會同。"《詩·小雅·車攻》言會同，原文云："赤芾金舄，會同有繹。"據《詩序》，此詩言周宣王時朝會及田獵之事。

同，此別派異於《周禮》之證也。即此一事考之，前後沿革，本原派別，皆可由之而悟。語簡事繁，學者當舉一反三也。

二十四

予撰《今古禮制分類鈔》(今未見此書)，以徐、秦《通考》(徐乾學《讀禮通考》、秦蕙田《五禮通考》)爲藍本，分今爲五派，古爲六派，詳見前《流派表》中。以爲正宗。

凡古有今無、今古同、今古雜者，別立三門收之，子、緯亦附焉。至《易》《書》《詩》，舊皆同列，既無明文，惟據注疏分隸，今盡削落，不以爲據；其有明文者，分爲四代制，以入《沿革表》(全稱爲《四代禮制沿革表》，廖平撰，今未見此表)。《論語》今、古兼有，亦如《禮記》分篇例，各從其類。漢人《易》《書》《詩》《孝經》皆分今、古，誤説也；以《易》《詩》證禮制，亦誤據也；《禮記》兼有今、古，以隸今學，誤也；《論語》今、古雜，今、古二家立二派，各爲家法説之，亦誤也。① 今盡汰誤説，別立新門。

學者據此分鈔，分説禮制，涇渭判然，不啻江河。執此治經，庶有澄清之效。

---

① 參卷上《今古學流派表》案語："《易》《書》《詩》《孝經》《論語》，本不爲今派（或古派），學者推今禮（或古禮）以遍説羣經，乃有此流變。"

二十五

《司馬法》①司馬主兵,《王制》之傳也。其言兵制出師,與《周禮》不合,蓋全主《王制》也。《孔叢子·軍制》篇(即《問軍禮》篇)間於今、古之間,有用《周禮》之文,有用《司馬法》之文。今凡與《王制》《司馬法》同者,則以入《王制》;與《周禮》同者,入古學也。又考《司馬》逸文與《王制》同見於孔、賈諸疏(孔穎達《禮記正義》、賈公彥《儀禮正義》)所引者,今本乃無之。豈孔、賈所引別一書,今存本乃穰苴書歟?

二十六

三統②循環,由周而夏,此質家矯枉之言,孔子不主此義。

---

① 《司馬法》,古兵書名。戰國時齊威王命大夫整理古代《司馬兵法》(王震《司馬法集釋》[中華書局 2018 年版]謂此爲姜太公遺法),而以大司馬司馬穰苴所著兵法附之,稱爲《司馬法》。《漢書·藝文志》稱其爲《軍禮司馬法》,共一百五十篇,列入禮類。今本存五篇,另有部分佚文。

② 三統,又稱三正,西漢董仲舒等今文經師提出的一種歷史循環論,指夏、商、周三代的正朔統緒。夏正建寅尚黑爲人統,商正建丑尚白爲地統,周正建子尚赤爲天統。繼周之後的朝代又用夏正,如此循環不已。廖平認爲:"三統之説,惟服色可變,以新民志;至人事宜俗,不能相循。"(《古學考》)

周末名流，競欲救文。老、尹、桑、莊，①厭棄文敝，至於排仁義，不衣冠。矯枉者必過其正，此諸賢之苦心，救世之良藥也。然風氣日開，文明漸備，宜俗所安，君子不改，情文交盡，來往爲宜，若欲改周從夏，不惟明備可惜，亦勢所不行。繼周不能夏制，亦如繼唐虞之不能用羲、軒（太昊伏羲氏、黃帝軒轅氏）也。

　　子桑伯子，欲復夏禮者也。《説苑》言孔子往見，論文質之事（詳劉向《説苑・修文》）。《論語》所謂"簡"，②謂夏制也；"敬"，謂殷制也（據《白虎通・三教》，夏尚忠，其弊也野；殷尚敬，其弊也鬼；周尚文，其弊也史［廖平説］）。孔子許伯子之質，仲弓以繼周不能用夏，惟當用殷，小參夏意，深明損益，洞達治體，與孔子語顏子（見《論語・衛靈公》："顏淵問爲邦。子曰：'行夏之時，乘殷之輅，服周之冕，樂則《韶》舞。'"）意相合。故夫子以南面嘉之，謂可與言繼周之事。《王制》用殷禮，仲弓有啟予③之助。

　　又孔子言"服周冕"，非獨取一冕，凡儀注（禮法儀節）等威（威儀等差）、章服（繡有日月、星辰等圖案的禮服，其儀制可參《書・皋陶謨》

―――――――――

　　①　老、尹、桑、莊，指老子、伊尹、子桑伯子、莊子。子桑伯子，又作子桑户、子桑雽、桑扈、子桑子，隱士。劉寶楠《論語正義》曰："下'子'字，爲男子之美稱；上'子'字，則弟子尊其師者之稱。"事見《論語・雍也》《説苑・修文》《莊子・大宗師》等。

　　②　見《論語・雍也》："子曰：'雍也可使南面。'仲弓問子桑伯子，子曰：'可也簡。'仲弓曰：'居敬而行簡，以臨其民，不亦可乎？居簡而行簡，無乃大簡乎？'子曰：'雍之言然！'"

　　③　啟予，指對孔子有啟發作用，語出《論語・八佾》："子夏問曰：'巧笑倩兮，美目盼兮，素以爲絢兮。何謂也？'子曰：'繪事後素。'曰：'禮後乎？'子曰：'起予者商也，始可與言《詩》已矣。'"按，"啟""起"義同。

及其注疏)文藻之事,皆從冕推之,故儀禮以及威儀皆不改也。"乘殷輅","輅"取實用,務於致遠。凡制官、爵命,《王制》所改之事,皆其太甚,有害無益者也。至於夏制,所取者少,人事日文,不能復古。惟天道尚質,行時郊祀,大約皆夏正也,假時、輅、冕以示其例而已(參本卷第十一則)。

四科①之中,顏子、仲弓以德行見。制作精意,二子得聞;以下偏才,舍大謀細矣。所改者今,不改者古,觀其因革之原,而今、古之事思過半矣。

二十七

周制到晚末積弊最多,孔子以繼周當改,故寓其事於《王制》。如因尹、崔世卿之事,②乃立選舉之政;因閽(hūn,守門人)弒吳子之事(見《春秋》襄公二十九年:"閽弒吳子餘祭。"),乃不使刑者守門;③因諸侯爭戰,乃使二伯統制之;國大易爲亂,乃限以百

---

① 四科,孔門德行、言語、政事、文學四種科目。典出《論語·先進》:"子曰:'從我于陳、蔡者,皆不及門也。'德行:顏淵、閔子騫、冉伯牛、仲弓。言語:宰我、子貢。政事:冉有、季路。文學:子游、子夏。"

② 見《公羊春秋》隱公三年:"尹氏卒。"《傳》:"尹氏者何?天子之大夫也。其稱尹氏何?貶。曷爲貶?譏世卿。"宣公十年:"齊崔氏出奔衛。"《傳》:"崔氏者何?齊大夫也。其稱崔氏何?貶。曷爲貶?譏世卿。"世卿,指父死子繼,世代爲卿。

③ 不使刑者守門,語出《禮記·祭統》,惟"刑者"作"刑人"。《王制》如下語句義同:"是故公家不畜刑人,大夫弗養,士遇之塗弗與言也。屏之四方,唯其所之,不及以政,亦弗故生也。"

里;日月祭之瀆祀①,乃訂爲四時祫祭;厚葬之致禍,乃專主薄葬。凡其所改,專爲救弊,此今學所以異古之由。

至於儀禮節目與一切瑣細威儀,皆仍而不改。以其事文郁(郁指文采明盛貌)足法,非利弊所關,全用周制,故今學《祭統》祭禮儀注與古學《祭義》同也。凡今學改者少,其不改者,皆今、古同。《儀禮記》雖爲今學,然所言與經不相倍(通"背",違背),以此仍用周制之故。《通考分類鈔》(即本卷第二十四則所言《今古禮制分類鈔》),凡今無者,別爲一册。入此門者,皆今、古所同者也。

二十八

今學只一派。雖齊、韓參用古學,然其主今學處無異説也。古學則在經已有數派,不能同。故《今古分類鈔》,凡專派與所無,皆爲注明。如會同爲《周禮》專派,禘、嘗爲《孝經》專派。② 他家所無者,入之。又《周禮》無禘祫;《左》《國》(《左傳》《國語》)無祫;《周禮》朝、覲、宗、遇分四時,爲專派;《左》《國》有朝,無覲、宗、遇。并爲注明分隸。治古學者當守此界

---

① 瀆祀,祭祀四瀆。見《禮記·王制》:"天子祭天下名山大川:五嶽視三公,四瀆視諸侯。"《爾雅·釋水》云:"江、河、淮、濟爲四瀆。四瀆者,發原注海者也。"

② 見《孝經·喪親章》:"春秋祭祀,以時思之。"《禮記·祭義》:"是故君子合諸天道,春禘秋嘗。"廖平《禮記識》謂《祭義》爲《孝經》師説。

限,亦如今、古之嚴。不可但因其俱爲古學,遂蒙混而説之,如前人之混亂今、古也。

二十九

今、古之分,本以禮制爲主。至於先師異解,漢人因其異師,亦以爲有今、古之别,實則非也。如爵(一種盛酒的禮器,像雀形,容量一升)制之大小,罍(léi,一種盛酒的禮器,表面刻有雲雷紋形爲飾)制之異同,六宗之名目,社主之松柏,①既無所據,何分古、今?又《尚書》"稽古"有"同天""順考"之異説,②然無關禮制,隨便可也。因"同天"偶爲今學家言,"順考"偶爲古學家言,學者亦遂以爲今、古有所分别,實則不然。今學附庸,古《周禮》無附庸。《異義》古學説有附庸,此亦後師誤説。許氏有從今改古之條,皆此類也。

---

① 社主之松柏,語本《論語·八佾》:"哀公問社於宰我。宰我對曰:'夏后氏以松,殷人以柏,周人以栗,曰使民戰栗。'"又,漢儒上述相關今、古禮制的探討,可參陳壽祺《五經異義疏證》"爵制""罍制""六宗""主所用木"條。

② 《尚書·堯典》"曰若稽古"句,歷來訓釋聚訟紛紜,主要有"同天"説、"順考"説等,見《堯典》孔穎達正義。鄭玄"同天"説云:"稽,同;古,天也。言堯能順天而行之,與之同功。"《僞孔傳》"順考"説云:"若,順。稽,考也。能順考古道而行之者,帝堯。"

三十

今學禮,漢以前有《孟》《荀》《墨》《韓》可考。古學則《國語》《周書》外,引用者不①少。漢初燕趙之書不盛傳,賈、張②以外,少所引用,然不能謂其出於晚近也。

三十一

今天下分北、南、中三皿,予取以爲今、古學,由地而分之,喻古爲北皿,魯爲南皿,齊爲中皿。北人剛强質樸,耐勞食苦,此古派也。南人寬柔敦厚,温文爾雅,此魯派也。中皿間於二者之間,舟車并用,麥稻交儲,習見習聞,漸染中立,此中皿派也。齊學之兼取古、今義,正如此。

---

① 據文意,"不"字疑衍。
② 賈、張,指賈誼、張蒼。賈誼(前200—前168),漢初洛陽人。曾任太中大夫、長沙王太傅、梁懷王太傅等職。著有《新書》等,明人張溥輯其文集爲《賈長沙集》。張蒼(前256—前152),漢初陽武(在今河南原陽東南)人。官至丞相,封北平侯。蒼通曉律曆、圖書計籍。據《漢書·儒林傳》,張蒼、賈誼等皆修《春秋左氏傳》,賈誼撰有《左氏傳訓故》。

三十二

《孝經》《論語》,《漢志》有今、古之分。今欲復二派之舊,其事頗難。《孝經》爲古派,全書自成首尾。《論語》則采錄博雜,有爲今學所祖,有爲古學所祖。欲一律牽合,於今、古說必多削足合屨(jù,鞋)之失。然舊有古、今二派,又不能强合之,竊欲仍分爲二家。《論語》今學詳今,古學詳古,凡異說皆注明,如附解存異之例。至於《孝經》,純以今學說之,則又用《左傳》以古禮說《春秋》之法。好學深思之士,必能成此書也。

三十三

今、古經傳,唯存《春秋》。《王制》《周禮》,皆三《傳》所據以爲今、古之分者。四家(當指《王制》《穀梁傳》《周禮》《左傳》,見本卷第三十五則)爲今、古之正宗,同異之原始。二門既別,然後先師各囿所習,推以說《易》《書》《詩》《論語》《孝經》。凡此五經今、古之說,皆後來附會之談,非本義也。說《春秋》得孔子修述之旨者,三《傳》之中唯《穀梁》。說《易》《書》《詩》《論語》《孝經》,皆當力求秦漢以前之說。故五經今、古先師之說多與以前同。今當以秦以前者爲正義,漢以後者爲晚說也。

三十四

《藝文志》"孝經"下云:"各家經文皆同,惟孔氏壁中古文爲異。'父母生之,續莫大焉','故親生之膝下',諸家說不安處,古文皆異。"《孝經》古文異今文,不審是先秦原文,抑漢後譯改?然必有不安,其說乃異,是今文自招之也。

《左傳》破今學,其所以立異之處,亦如《孝經》多由今説不安,或弟子主張太過,或義例繁難不能畫一之處。古《傳》則必別立一說以易之。如何氏日月例,①何怪唐宋人極詆之?范注(范甯《春秋穀梁傳集解》)不知《春秋》用《王制》,何怪其據《周禮》以駁《傳》?苟能盡明今學,則其事理平實,人亦何苦而思易之?空穴來風,終當自尤(自怨自責)也。

三十五

今以《穀梁》《左氏》爲今、古學根本,根本已固,然後及《禮》與《易》《書》《詩》等經。蓋古、今起於《春秋》與《王制》《周禮》,餘皆先師推所習以説之者。《統宗表》即此意也。根

---

① 按:據何休《公羊解詁》,《春秋》及《公羊傳》記事有時月日例,有正例、變例。但廖平認爲,何氏説"日月例過於破碎,失其本旨"(廖平《左傳經例長編》),且"誤以月爲有正例"(廖平《何氏公羊解詁三十論·無月例論》)。

本已立,然後約集同人以分治群經,人多經少,當易成也。

三十六

今、古説,其見《異義》者,多非其實。大約出於本書者爲上,其稱某家説者,多附會之談。許君於其互異者,每以有明文、無明文爲説。是有明文爲可據,無明文爲不足據也。而明文之説,又以平實者爲正,如三公九卿之類是也。推例爲附會,如《易》家以六龍定六馬,①《詩》家以譚公爲稱公是也。②學者不察,則附會之説最易誤人。凡人説一事,口之所出,多流爲歧異,如明堂、郊、禘諸説紛紜是矣。又六宗之説,至二十餘家不同,有何明文?皆意爲之。此不足據也。

先師主持一説,末流每至附會。如《公羊》本素王,因素

---

① 按:漢儒有天子駕數四馬、六馬之辨。許慎《五經異義》曰:"天子駕數,《易》孟、京、《春秋公羊》説天子駕六;《毛詩》説天子至大夫同駕四,士駕二。……《公羊》説引《易經》云'時乘六龍,以御天下'也,知天子駕六。"鄭玄《駁五經異義》曰:"《易經》'時乘六龍'者,謂陰陽六爻上下耳,豈故爲禮制?"

② 見《詩·衛風·碩人》:"齊侯之子,衛侯之妻。東宮之妹,邢侯之姨,譚公維私。"譚,國名。《韓詩》《魯詩》作"覃"。《白虎通·號·伯子男于國中得稱公》曰:"《詩》云'覃公維私',覃子也。"孔穎達正義引鄭玄弟子孫炎曰:"邢侯、譚公皆莊姜姊妹之夫,互言之耳。《春秋》'譚子奔莒',則譚子爵言公者,蓋依臣子之稱,便文耳。"

王之義遂附會以爲王魯是也。① 有震驚張皇之色，乃過情虛擬之詞。今者細爲分出，務使源流派別一覽而明。其於《異義》所言，不無千慮一得矣。

三十七

《詩》《書》有四代異制，以今、古學説之，皆非也。然先師既主此説，不能不婉轉以求通，所謂削足適屨之事，每不免焉。

如九州之制，《王制》所言共五千里，②《周禮》所言則萬里，此今、古禮制之分也。特二學皆就春秋制度言之，不必通説四代也。而《尚書》有五服之文，本與《王制》三服、《周禮》十服③不合。而先師欲各合其禮制，故今學之歐陽、大小夏侯説則以五百里爲一服，五五二千五百里，合南北得五千里，減省里數以求合《王制》之説也。古學之杜、馬説，則以爲千里

---

① 王魯，公羊學"通三統"説的觀點之一。其説本出董仲舒，何休頗言之，認爲《春秋》托王於魯。廖平則認爲：王魯是指周公攝政，實嘗爲王，故魯爲王後；《春秋》經傳皆不主王魯，"三《頌》以《魯》居中，即寓王魯之意"（氏著《春秋公羊經傳驗推補證》卷一）。廖氏論董、何因素王之義遂附會以爲王魯，詳《何氏公羊解詁三十論·主素王不王魯論》。

② 按：《王制》明言，九州爲三服（甸、采、流）方三千里，每州方千里，此言"五千里"，或當如《白虎通·論封諸侯制土之等》所稱"此平土三千，并數邑居、山川至五千里"（"五千里"，《白虎通》通行本作"五十里"，清人陳立謂"文有譌"，"宜作五千里"）。

③ 十服，又稱"十畿"，古時以王城爲中心的十個區域，由近及遠，包括王、侯、甸、男、采、衛、蠻、夷、鎮、藩十服（畿），詳《周禮·夏官·職方氏》等。

爲一服，五服五千里，合南北爲萬里，加多里數以求合《周禮》之説也。實則《王制》《周禮》之説，皆與《尚書》夏制不相關。而今、古先師乃欲抱其《王制》《周禮》之説，以遍説群經，統括沿革。其中左支右絀①、朝四暮三之踪迹，班班可考。

今誠各知其所據以推考求通之意，則我用我法，得失易明。若不知其所據，震警其異同，必求有所以折其中，或於其中更欲有左右焉，此豈能合也哉？予確知先師折中求合之説都非本意，故欲以四代沿革補正其誤，使知此皆後師推衍之説。不明此意，經意何由得哉！

三十八

三《傳》著録，皆先秦以前。《穀梁》魯人，《左傳》燕趙人，故《公羊》出入二家，兼收燕、魯，特從今學者多耳。今學二伯，古學五伯。《公羊》從五伯之説。他如仲子爲桓母，②改蔡侯"東"爲"朱"（見《左傳》《公羊》昭公二十一年經："蔡侯朱出奔楚。"《穀梁傳》"朱"作"東"），凡此皆事實之變異者。至於禮制，則説禘説郊，時雜古制。蓋以齊居魯與燕之間，又著録稍晚，故其所

---

① 左支右絀，典出《戰國策·西周策》："我不能教子支左屈右。"《史記·周本紀》引作"支左詘右"，後轉爲"左支右絀"。本指射箭時支左臂引弓，彎右臂扣弦之法；引申爲顧此失彼，窮於應付。

② 見《春秋》隱公元年："天王使宰咺來歸惠公仲子之賵。"《公羊》以仲子爲魯桓公之母、惠公之妾，《穀梁》則以之爲魯惠公之母、孝公之妾。

言如此。好學深思者,當自得之。

三十九

《左傳》出於今學方盛之時,故雖有簡編,無人誦習,僅存秘府而已。至於哀、平之間,今學已盛而將微,古學方興而未艾,劉子駿目見此編,遂據以爲今學之敵,倡言求立。至於東漢,遂古盛而今微,此風氣盛衰迭變之所由也。

四十

今學傳孔子,本始於魯。公羊始師齊人,受業於魯,歸以教授。當其始,仍穀梁派也。如荀子游學於齊,學於公羊,始師其說。《春秋》多同《穀梁》,是齊學初不異於魯學之證。至於歸以教授,齊俗喜夸好辯,又與燕趙近,游士稷下(戰國時齊都臨淄西門稷門附近地區。齊國曾在此建學宮,文學游説之士甚衆)之風最盛,故不肯篤守師説,時加新意,耳濡目染,不能不爲所移。齊學之參雜於今、古之間,職(惟,只)是故也。

《儒林傳》言,伏生口授《尚書》有壁藏書,《公羊》有齊語,故人以爲舊由口授,至漢乃著竹帛。實則群經著錄,皆在先秦以前。《公羊》之有齊語,是秦前先師,非漢後晚師。不如舊説孔子畏禍遠言,不著竹帛也。

四十一

魯恭王壞宅所得之書，不止古學，即今學亦有，以其書已先行，故不言耳。壁中諸書，皆魯學也。伏生口授《尚書》，世已尊行，魯壁中古文出，孔氏借以寫定，魯《書》遂變爲古學矣。《春秋公羊》由齊傳授，壁中所出，當即《穀梁》。《穀梁》傳而壁中魯學《尚書》之本文不傳，遂使人疑非其比（類），豈不可惜哉！

四十二

壁中《尚書》出，東漢諸儒以古學説之，亦如《儀禮》古文而西漢諸儒以今學説之也。二書本無今、古之分，其以今、古分門户，先師附會之説也。

四十三

魯人不喜爲漢用，漢家因少（稍）抑之，魯學又無顯者。《公羊》之盛，全由公孫弘。《穀梁》經傳皆先秦之遺。史公云：秦雖焚書，而鄒魯弦誦之聲不絶（見《史記·儒林列傳》）。故漢初徵魯生講禮，魯書未亡。漢抑魯學，可由史公之言悟之。

其後既久,乃興魯學,而猶假借壞宅得書以爲説者,則又史臣回護之言,不盡事實也。

四十四

魯書未亡,學猶盛,故《魯詩》《穀梁》,江公①能傳之。不然,則江公何以崛起?魯《書》學之亡,則以世無達者,不幸而亡。《穀梁》雖存,終漢乃得立,此魯學之所以微也。魯《尚書》家不傳,班《書》(班固《漢書》)謂伏《書》(伏生所傳授《尚書》)傳於齊魯,非也。魯自有《尚書》,不傳於世,班意欲周旋此事耳。

四十五

漢初,齊人以經術貴顯者,始於伏生,繼以公孫弘,故齊學盛。魯無顯達,故以寖(jìn,逐漸)微。至於重魯輕齊,則宣、元以後風氣改變之言,亦賴當時天子、丞相之力耳。不然,終漢不得立也。

---

① 江公,西漢學者。瑕丘(在今山東濟寧市兖州東北)人,故又稱瑕丘江公。從魯申公受《穀梁春秋》及《魯詩》,後傳子至孫爲博士。

四十六

漢初,經學分三派,魯、齊、古是也;分二派,今、古是也。分三派者,《詩》《魯詩》《齊詩》《韓詩》《毛詩》。《春秋》《穀梁》魯,《公羊》齊,《左傳》古。《禮》魯高堂生傳《士禮》,齊后倉,古《周禮》。《論語》《魯論》《齊論》、《論語》古(古《論語》)也。四經是也。分二派者,《易》《尚書》《孝經》三經是也。《尚書》今學,出於伏生,齊學也;《易》傳於田和①,亦齊學也;《孝經》后倉、翼②,亦皆齊學也。

然則七經中,齊、古學皆全。所缺者,魯之《易》《書》《孝經》三經說也。漢初,齊盛魯微,故失其三經之傳。而古學行於民間,乃能與齊學相敵。則以古與今異,齊魯同道,故存齊而魯佚與(同"歟"yú,句末語氣助詞,表示感歎)。

四十七

《毛詩》說田獵,與《穀梁》同文,此古、今學所同之禮制。故予謂今學所不改者,皆用《周禮》是也。柳氏《大義》(清人柳興恩《穀梁大義述》)不察,乃以《毛詩》與《穀梁》同師(見柳氏《穀梁

---

① 田和,當作"田何",見卷上《〈漢·藝文志〉今古學經傳師法表》脚注。
② 據文意,"翼"後當脫"奉"字。翼奉,西漢經學家,爲后倉弟子。

大義述·叙例》："向治《毛詩》,知毛公師荀卿,荀卿師穀梁,《毛傳》中多《穀梁》説。"),則合胡越爲一家矣。古、今學所同之禮,當由此推之也。

四十八

漢儒著書,初守一家之説;至於宣、元以後,則不能主一家。如劉子政學《穀梁》,而《五經通義》《新序》《説苑》(此三書皆爲劉子政[劉向]所撰。其中《五經通義》至宋已散佚,清代有王謨、馬國翰、洪頤煊等輯本)中所載禮制,乃有與古學同、今學異者,是不專主一家之證。

四十九

漢初,古學不顯,而《公羊》中乃多用古禮,此古學先師在《公羊》著録以前已經大行之證。因《公羊》之録用其説,足知其書出在秦以前矣。

五十

《穀梁傳》言"誓誥(《穀梁傳》原作"誥誓"。范甯注:"誥誓,《尚書》六《誓》七《誥》是其遺文。")不及五帝,盟詛(猶盟誓。鄭玄云:"盟、詛主於要誓,大事曰盟,小事曰詛。")不及三王(夏、商、周三代之君),交質子(交換人質。按,此人質多爲王子或世子)不及二伯"(《穀梁傳》隱公八年),與《荀子》同(見《荀子·大略篇》,惟"二伯"作"五伯")。據此説,則今説謂周初無盟,桓、文(齊桓公、晉文公二伯)不交質也。《周禮》有盟,《左傳》有交質,此即實事,亦不與今説相妨。《周禮》非周公手定,《左傳》桓、文亦無交質事,疏家乃以《穀梁》爲漢初人著録,不見古籍而然。如此説,則何以解於《荀子》?又《穀梁》爲漢人作,從何得來?憑空臆造,全無實據,然疏家説不足駁斥也。

五十一

《春秋》去文從質、因時救弊,意本於老子,而流派爲子桑、惠、莊之流。墨子學於孔子,以其性近,專主此説。用夏禮改周制,本之於《春秋》,如薄葬即《王制》"不封不樹"(意即葬後不封土起墳,不種樹)之意。特未免流於偏激,一用夏禮,遂欲全改周禮,與孔子之意相左矣。春秋時有志之士皆欲改周文,正如今之言治,莫不欲改弦更張也。《論語》"禹無間然"一章,全爲《墨子》所祖,所謂崇儉、務農、敬鬼、從質,皆從此出。然孔子美黻冕,①墨子則并此亦欲改之。當時如墨説者不下數

---

① 見《論語·泰伯》"禹無間然"章:"惡衣服,而致美乎黻冕。"朱熹集注:"黻,蔽膝也,以韋爲之;冕,冠也:皆祭服也。"黻,音 fú。

十家，特惟墨行耳。

五十二

　　禮學之有古、今派，是也。然七十子之徒，文質易見，異同最多。所言之事，有不見於《周禮》《儀禮》《王制》者，此等禮制不能歸入於今，亦不能歸入於古。竊以此類亦有數例：

　　有爲經中未詳之義，補經未備，如《儀禮》諸記之類是也。

　　有爲緣經起義，如《詩》《書》有此説，先師存此義，爲《禮經》所不詳，如《王制》言天子大夫爲監之類是也（見《禮記·王制》："天子使其大夫爲三監，監於方伯之國，國三人。"）。

　　有爲沿革佚文者，《周禮》《儀禮》皆一時之書，一代典禮，每有修改；《禮緯》言周初廟制，與後來不同，此亦修改之例；不知《周禮》爲何時之書，《儀禮》爲何時之書，則其中不無修改刊落之文，如《左氏》言文、襄之禮之類是也。

　　有異説別録者，古人習禮，質文隨意，有既從一家而其異説亦偶存之，如子游、子夏之裼襲不同是也。①

　　有爲士君子一人之事不合時制者，如《鄉黨》（《論語》篇名）

---

　　① 子夏，當爲"曾子"之誤。見《禮記·檀弓上》："曾子襲裘而弔，子游裼裘而弔。"又，廖平《古學考》《經話》《知聖篇》等書引此則材料，皆作曾子與子游襲裼。古代禮制：袒外衣而露裼(xī)衣，且不盡覆其裘，謂之裼；掩上裼衣而不使羔裘見於外，謂之襲。盛禮以襲爲敬，非盛禮以裼爲敬。裼衣，指行禮時覆加在裘外之衣，又稱中衣。

記孔子之事，張盟生(生平事迹不詳。或爲廖平求學尊經書院時的同學張盟孫)説此皆孔子一人之事，與常不合者，使常義則可不見，又其事爲朝廷所不詳之事，故隨人而改是也。

有爲訓誡之事，如幼儀①《弟子職》(《管子》篇名。朱熹謂此篇"言童子入學受業事師之法")之類，并非國家一定典禮，私家編此以訓童蒙，言人人殊，詳略隨意之類是也。

有禮家虚存此説，欲改時制，未見施行者；有因緣失本，誤據爲典要，實與禮制不合者；有殘篇斷簡、文義不全者；有經傳混淆、前後失次者；有句讀偶誤、斷續非真者。門目既多，豈能必所言之皆合本義？

故説經以《禮記》爲繁雜難通。然既得其大綱，再爲細分節目，有所不解則姑闕疑，就所立門目以求之，想當十得八九矣。

五十三

《周禮》之書，疑是燕趙人在六國時因周禮不存，據己意、采簡册摹仿爲之者。其先後大約與《左傳》《毛詩》同，非周初

---

① 幼儀，典出《禮記·内則》："禮帥初，朝夕學幼儀，請肄簡諒。"孔穎達謂"幼儀"指"幼少奉事長者之儀"。廖平《群經總義講義·大小六藝》云："禮專屬幼儀，如《容經》《少儀》《内則》《弟子職》，專屬個人修身，事與《禮經》安上治民者不同。"

之書也。何以言之？其所言之制與《尚書》典禮不合，又與秦以前子書不同。且《孟子》言："諸侯惡其害己，而去其籍（典籍）。"無緣當時復有如此巨帙傳流。故予以爲當時博雅君子所作，以與《王制》相異，亦如《左傳》之意。其書不爲今學所重，故《荀》《孟》皆不引用。其中禮制與《左傳》不同，必非一人之作。但不識二書孰在前，孰在後，孰爲主，孰爲賓也？

五十四

《儀禮經》爲古學，《記》爲今學，此一定者也。今不能於二者之中而分之。大約高堂傳經以後，已爲今學。後古經雖多廿餘篇，無師不習，是經亦今學之經矣。於此經欲立今、古二派，殊難措手。然細考《記》文，頗有與本經不同者，則經爲古學，《記》爲今學，亦不妨稍分別之，以示源委區別之意。

五十五

西漢今學盛，東漢古學盛。後盛者昌，而《易》《尚書》《詩》《禮》之今學全佚，而惟存古學，無以見今學本來面目。猶幸《春秋》今學之二《傳》獨存，與古相抗，今學全由《春秋》而生，又孔子所手定之書，其所以不亡，或者鬼神爲之呵護。

予立今學門戶，全據二《傳》爲主。至今學所亡諸書，皆以二《傳》與《左傳》相異之例推之，以成存亡繼絕之功，準繩全操於此。此又治經之一大幸也。

五十六

《異義》引今、古説，有經傳、師説二例。師説多於經傳，十分之七八，非議禮之口説，則章句之繁文，未足爲據。漢廷議禮，視丞相所學。苟與之同，雖屈而可申；倘或異家，即長亦見絀。半以勢力辨呐（通"辯訥"，指善辯與木訥）定優劣，無公道也。

又東漢以後，今學與古學争，如《異義》所載是也。西漢以前，則今學自與今學争。夫一家之中，何有長短？乃意氣報復，自生荊棘。如轅固、黄生之論湯武（漢景帝時，博士轅固生與黄生争論湯武是否受命，事見《史記·儒林列傳》），彭祖、安樂之持所見，①必於家室之中，别圖門户之建。蓋諸人貪立太常（官名。秦置奉常，漢景帝時更名太常，爲九卿之一，掌宗廟禮儀，兼掌選試博士），邀求博士。漢法：凡弟子傳先師説，苟其同也，則立其師；倘有同異，則分立弟子。故當時恒希變異以求立。嚴、顔因此得并在學官，大小夏侯、大小戴意亦如此，其分門爲利禄也。

以此倡導學者，宜乎人思立異。實本一家，而奪席廷争，

---

① 西漢時嚴彭祖、顔安樂俱事眭孟，質問疑義，各持所見。孟死，各自專門教授，由是《公羊春秋》有嚴、顔之學。事見《漢書·儒林傳》。

務欲取巧，遂致同室操戈。後來古學太盛，今學遂不自攻而深相結納，以禦外侮，而已有不敵之勢。無事則相攻，有事乃相結，《唐棣》之詩，①何不早誦乎！

五十七

　　予約集同人，撰《王制義證》。以《王制》爲經，取《戴記》九篇，外《公穀傳》《孟》《荀》《墨》《韓》《司馬》（《司馬法》），及《尚書大傳》《春秋繁露》《韓詩外傳》、緯候（讖緯之學。"候可以兼有緯或圖讖之稱"[陳槃說]）、今學各經舊注，據馬輯本。并及兩漢今學先師舊說。《今文尚書》《三家詩》用陳氏輯本。至於《春秋》《孝經》《論語》《易》《禮》，尚須再輯。務使詳備，足以統師今學諸經，更附錄古學之異者，以備參考。

　　此書指日可成，以後凡注今學群經禮制，不必詳説，但云見《義證》足矣。如今《易》《尚書》、《春秋》公穀、《詩》魯齊韓、《孝經》《論語》皆統於《王制》，可以省無數疏解。習今學者但先看《王制》，以下便迎刃而解。起視學官注疏，不惟味同嚼蠟，而且膠葛（交錯紛亂）支離，自生荊棘。

　　一俟此書已成，再作《周禮義》以統古學，而其中節目詳細，均見於《經話》中。

---

　　① 《唐棣》之詩，指《詩·小雅·常棣》，爲諷勸兄弟和好團結之詩。"唐""常"古字通，如《毛詩》"常棣之華"句，《論語·子罕》"常"作"唐"。

六十六

《王制》有經有傳，并有傳文佚在別篇者。至於本篇經傳之外，并有先師加注記之文，如説尺、畝，據漢制今田爲説，是也。此固爲戴氏所補，至目爲博士手筆，則誤讀《史記》矣。

五十八

地理家有鳥道之説，翦迂斜爲直徑。余分今、古學，意頗似此。然直求徑道，特爲便於再加高深；倘因此簡易，日肆苟安，則尚不如故迂其途之足以使人心存畏敬。然二派之外，又有無數小派，稽其數目，不下八九家，苟欲博通周攬，則亦非易事。

五十九

鄭君號精通三《禮》，其《王制》注或周或殷，一篇數易。注《王制》采《祭法》，注《祭法》用《王制》，徒勞唇舌，空擲簡札，説愈繁而經以愈亂。大約意在混同江河，歸并華岱，自謂如天之大，無所不通，乃致非類（不同種類，不同派別）之傷，各失其要也。《後書》(《後漢書》)·儒林傳》:"中興，鄭衆傳《周官經》。後馬融作

《周官傳》,鄭玄作《周官注》。玄本習《小戴禮》,後以《古禮經》①校之,取其義長者,故爲鄭氏學。"案:此謂鄭君混合今、古也。

六十

今、古不同,鍼鋒相迕,東漢諸儒持此門户猶嚴。許叔重治古學,《五經異義》是古非今,《説文解字》不用今學;杜、鄭、賈、馬所注《周禮》《左傳》等書,不用今説;何君《公羊注》不用《周禮》:是其證也。

鄭君生古盛今微之後,希要(謀求)博通之名,欲化彼此之界。爲何以箋《詩》? 欲以今學入古也。爲何以注《周禮》? 欲以今説補古也。爲何以注《尚書》? 欲以今文附古也。今、古之分,自鄭君一人而斬,尊奉古學而欲兼收今文,故《禮記》《儀禮》今、古之文,一律解之,皆其集大成一念害之也。

魏晉學者尊信其書,今、古舊法遂以斷絶,晉儒林所傳,遂無漢法,且書亦因此佚亡,不能不歸過於鄭君。蓋其書不高不卑,今、古并有,便於誦習,以前今、古分門之書皆可不習;故後學甚便之,而今、古學因之以亡。觀於表説可以見之,不可不急正者也。

---

① 《古禮經》,《後漢書》原作"古經"。

六十一

鄭君之學，主意在混合今、古。予之治經，力與鄭反，意在將其所誤合之處，悉爲分出。經學至鄭一大變，至今又一大變。鄭變而違古，今變而合古。離之兩美，合之兩傷，得其要領，以御繁難，有識者自能別之。

六十二

予創爲今、古二派，以復西京之舊，欲集同人之力，統著《十八經注疏》，今文《尚書》《齊詩》《魯詩》《韓詩》《戴禮》《儀禮記》《公羊》《穀梁》《孝經》《論語》，古文《尚書》《周官》《毛詩》《左傳》《儀禮經》《孝經》《論語》《戴禮》。《易》學不在此數。以成蜀學。見(同"現")成《穀梁》一種(即《穀梁古義疏》，1884年成書)。然心志有餘，時事難就，是以初成一經而止。因舊欲約友人分經合作，故先作《十八經注疏凡例》(屢經修訂後，改稱《群經凡例》，收入《四益館經學叢書》《六譯館叢書》)。既以相約同志，并以求正高明，特多未定之説，一俟纂述，當再加商訂也。昔陳奐、陳立、劉寳楠①、胡培翬②諸人在金陵

---

① 劉寳楠(1791—1855)，字楚楨，號念樓，清江蘇寳應人。著有《論語正義》《釋穀》《漢石例》《念樓詩文集》等。

② 胡培翬(huī。1782—1849)，字載屏，又字竹村，清安徽績溪人。著有《儀禮正義》《燕寢考》《禘祫問答》《研六室文鈔》等。

貢院中,分約治諸經疏,今皆成書。予之所約,則并欲作注耳。

六十三

予治經以分今、古爲大綱,然雅(甚,頗)不喜近人專就文字異同言之。二陳(陳壽祺、陳立,見本卷第二十二則陳左海、陳卓人注)雖無主宰,猶承舊説,以禮制爲主。道、咸(道光、咸豐)以來,著作愈多。試以《尚書》一經言之,其言今、古文字不同者,不下千百條。蓋近來金石剽竊之流,好怪喜新,不務師古,專拾怪僻,以矜博雅。

夫文人製詞,多用通假,既取辟(通"避")熟,又或隨文,其中異同,難言家法。兩漢碑文,雜著異字,已難爲據,況乃濫及六朝碑銘、新出殘篇。偶見便欲穿鑿附會,著録簡書,摭(zhí,摘取)其中引用經語異文異説,强分此今文説,此古文説。不知今、古之學,魏晉已絶,解説雖詳,毛將安附?此大蔽也。石經以前,經多譯改,今、古之分,不在異文,明證在前,無俟臚(lú,列舉)證。陳左海以異字通假爲今、古之分,亦不得已之舉;所取漢人辭賦之異文,徒取簡編宏富,非正法也。

古、今異字,必係不能通假、有意改變者,方足爲據。如《左傳》之改"逆"爲"送",改"尹"爲"君",改"伯"爲"帛"之類,①

---

① 見《左氏春秋》莊公元年三月:"夏,單伯送王姬。"隱公三年:"夏四月辛卯,君氏卒。"隱公二年冬十月:"紀子帛、莒子盟于密。"

實義全反,然後爲異。不然則畢録異同,亦但取渲染耳。若詞人之便文,晚近之誤奪,牛毛繭絲,吾所不取。

六十四

《大小戴記》九十餘篇,凡《禮經》記文不下十篇,以此推之,則別經之記當亦有編入者。今定《王制》爲《穀梁》《公羊》記;《曲禮》上半小學,下半爲《春秋》;《檀弓》《祭法》《雜記》爲《左傳》記;《玉藻》《深衣》《朝事》《盛德》爲《周禮》記;《祭義》《曾子》十篇爲《孝經》記;《經解》《表記》《坊記》《緇衣》爲經學説之類。詳見《兩戴記今古分篇目表》。經、記互證,合則再美,離則兩傷,此千年未發之覆(被遮蔽之處)也。

又《禮運》三篇(見本卷第十五則及注),有經有傳,當合爲一大傳。《大傳》爲經,《服問》《喪服小記》二篇爲傳,當合爲一。竊意此《禮運》三篇舊本一事,乃記夫子與子游論禮之言。子游習禮,此其授受之證也。後來先師各加注記。後因文多,分爲三篇,經、傳混淆,前後錯雜,使讀者如散錢滿屋,不知端委。今因《王制》例推之,分爲經、傳,便有統制。至於《大傳》爲經,《服問》《小記》(《喪服小記》)爲記,觀其篇目命名,已得其大概矣。

六十五

俞蔭甫先生以《王制》爲《公羊》禮，其説是也。壬秋師[1]以其與《大傳》（伏生《尚書大傳》）同，不言封禪，非博士所撰之《王制》（見王闓運《禮記箋·王制第三》題解），亦是也。蓋《王制》孔子所作，以爲《春秋》禮傳。孟、荀著書，已全祖此立説。漢博士之言如《大傳》，特以發明《王制》而已，豈可與《王制》相比？精粹完備，統宗子緯，魯、齊博士皆依附其説，決非漢人所作。盧子幹[2]因不能通其説，故以爲博士作（見陸德明《經典釋文·禮記音義·王制》引盧植："漢孝文皇帝令博士諸生作此篇。"），以便其出入，實則非也。

六十七

《王制》無一條不與《穀梁春秋》相同。説詳《義證》。二書皆蝕蒙已久，一旦明澈，可喜何如？"不封不樹，不貳事"，鄭

---

[1] 壬秋師，指王闓運（1833—1916）。1878 年，入川主講成都尊經書院，爲廖平業師。王闓運字壬秋，又字壬父，號湘綺，近代湖南湘潭人。所著經子箋注、詩文集等，門人輯爲《湘綺樓全書》。

[2] 盧子幹，即盧植（？—192），字子幹，東漢涿郡涿縣（治今河北涿州）人。曾任廬江太守、北中郎將、尚書等職。少與鄭玄俱事馬融，能通古今學。著有《尚書章句》《三禮解詁》，均佚。

以爲庶人禮,①不知《穀梁傳》已有明文。② 譏世卿,非下聘(見《春秋》隱公九年春:"天王使南季來聘。"《穀梁傳》:"聘諸侯,非正也。"),惡盟(見《春秋》襄公十九年春:"取邾田自漷水。"《穀梁傳》:"軋辭也。其不日,惡盟也。"),尊齊、晉爲二伯,以曹以下爲卒正,③以冢宰、司馬、司城爲三公,亦莫不相合。至於單伯、祭仲、女叔諸人,使非爲監之説,④則聽左氏、何君之互争,不能一斷決。范氏據《周禮》以駁《傳》,亦無以折之矣。

六十八

《春秋》之書以正將來,非以誅已往。《王制》一篇即"爲邦"數語(詳《論語·衛靈公》"顔淵問邦"章),道不行乃思著書,其意

---

① 《王制》原文作:"不封不樹,喪不貳事。"鄭玄注:"庶人終喪無二事,不使從政也。"不封不樹,意即葬後不聚土爲墳,也不種樹。

② 見《春秋》文公十六年秋:"毀靈臺。"《穀梁傳》:"喪不貳事。貳事,緩喪也,以文爲多失道也。"廖平《穀梁古義疏》:"《傳》以説諸侯,知非庶人禮,且庶人則不能不貳事也。"

③ 廖平《穀梁古義疏》卷一云:"《王制》一州七卒正。《春秋》常叙六卒正,其一不見,爲方伯所統,故不見。"又謂魯之屬國有曹、莒、邾、滕、薛、杞六卒正。

④ 單(shàn)伯、祭(zhài)仲、女(rǔ)叔,均載於《春秋》,廖平謂皆爲天子之大夫爲監於方伯者。單伯爲魯之監大夫,祭仲爲鄭之監大夫,女叔爲陳之監大夫。所謂天子大夫不名而氏采,故伯、仲、叔皆字也。説參氏著《穀梁古義疏》。

頗與《潛夫》《罪言》①相近，憤不得假手以救弊振衰，則欲將此意筆之於書。又以徒托空言，僅如《王制》則不明切，不得已乃借《春秋》時事以衍《王制》之制度，司馬遷言之詳矣（詳《史記·太史公自序》）。

《王制》所言皆素王新制，改周從質，見於《春秋》者也。凡所不改，一概從周。范氏注《穀梁》，以《周禮》疑《王制》，據周制駁《春秋》，是囈語耳。又孔子所改皆大綱，如爵祿、選舉、建國、職官、食貨、禮樂之類。餘瑣細，悉不改。其意全在救弊，故《春秋》説皆以爲從質是也。

六十九

今學、古學之分，二陳已知其流別矣。至於以《王制》爲今學所祖，盡括今學，則或疑過於奇。竊《王制》後人疑爲漢人撰，豈不知而好爲奇論？蓋嘗積疑三四年，經七八轉變，然後乃爲此説。疑之久，思之深，至苦矣！

辛巳（光緒七年，即公元1881年）秋，檢《曲禮》"天子不言出，諸侯不生名"數節，文與《春秋傳》同，又非禮制，因《郊特牲》

---

① 《潛夫》，指東漢王符所著《潛夫論》。《後漢書·王符傳》載："符獨耿介，不同於俗，以此遂不得升進。志意蘊憤，乃隱居著書三十餘篇，以譏當時失得，不欲章顯其名，故號曰《潛夫論》。"《罪言》，唐代杜牧所撰文章名。開篇云："國家大事，牧不當言，言之實有罪，故作《罪言》。"

《樂記》一篇有數篇、數十篇之説，疑此數節爲先師《春秋》説，錯簡入《曲禮》者也。

癸未（光緒九年，即公元1883年）在都，因《傳》有二伯之言，《白虎通》説五伯，首説主兼三代，①《穀梁》以"同"爲尊周、外楚，②定《穀梁》爲二伯、《公羊》爲五伯。當時不勝歡慶，以爲此千古未發之覆也。又嘗疑曹以下，何以皆山東國稱伯、稱子，③又與鄭、秦、吳、楚同？④ 制爵五等，乃許男在曹伯之上？⑤ 考之書，書無此疑；詢之人，人不能答。日夜焦思，刻無

---

① 見《白虎通·號》："五霸者，何謂也？昆吾氏、大彭氏、豕韋氏、齊桓公、晉文公也。……昔昆吾氏，霸於夏者也；大彭、豕韋，霸於殷者也；齊桓、晉文，霸於周者也。"

② 《春秋》莊公十六年載："會齊侯、宋公、陳侯、衛侯、鄭伯、許男、曹伯、滑伯、滕子，同盟于幽。"《穀梁傳》："同者，有同也，同尊周也。"文公十四年載："公會宋公、陳侯、衛侯、鄭伯、許伯、曹伯、晉趙盾。癸酉，同盟于新城。"《穀梁傳》："同者，有同也，同外楚也。"此外尚有數例同盟例，《穀梁傳》亦釋爲尊周或外楚。廖平《穀梁古義疏》謂"《傳》以齊之同盟爲尊周，晉之同盟爲外楚"。外楚，指以楚爲外夷而攘之。

③ 據廖平《穀梁古義疏》，山東魯屬國有曹、莒、邾、滕、薛、杞六卒正，本爲"侯爵百里之國"，"皆不以本爵見，而稱子、伯以辟方伯"，如"曹稱伯，莒、邾、滕皆稱子，薛稱伯，杞子、伯并稱"（《穀梁古義疏》中華書局2011年版所載郜積意《點校前言》）。

④ 據廖平《穀梁古義疏》，"《春秋》托鄭、秦以主冀、梁"，"入王朝爲卿士"，故從寰内諸侯稱字爲伯。而子爲公羊所説七等（州、國、氏、人、名、字、子）之首，尊於伯，子、伯皆非爵稱。吳、楚稱子，是奪其王稱也。

⑤ 廖平認爲："周制有五等爵，公、侯、伯、子、男是也。……而《春秋》制法，爵惟見公、侯二等。"（《穀梁古義疏》卷一）《春秋》經文序許男在曹伯之上者，其原因是："許初爲鄭屬國，許稱男者，伯、子、男一也，言男以別内外。……許男在曹上者，許以一國見；序在杞下，則内外不分也。"（《穀梁古義疏》卷三）

停慮,蓋不啻數十説。而皆不能通,唯闕疑而已。

甲申(光緒十年,即公元1884年),考大夫制,檢《王制》,見其大國、次國、小國之説,主此立論,猶未之奇也。及考其二伯、方伯之制,然後悟《穀梁》二伯乃舊制如此,假之於齊、晉耳。考其寰內諸侯稱伯及三監之説(見《王制》:"天子使其大夫爲三監,監於方伯之國,國三人。"),然後悟鄭、秦稱伯,單伯、祭仲、女叔之爲天子大夫,則愈奇之矣。猶未敢以爲《春秋》説也。及錄《穀梁》舊稿,悉用其説,苟或未安,沈(同"沉")思即得,然後以此爲素王改制之書,《春秋》之別傳也。

乙酉(光緒十一年,即公元1885年)春,將《王制》分經傳寫鈔(此書成後名爲《王制訂》,收入《四益館經學叢書》《六譯館叢書》),欲作《義證》,時不過引《穀梁傳》文以相應證耳。偶抄《〈異義〉今古學異同表》(即卷上《〈五經異義〉今與今同古與古同表》),初以爲十四博士必相參雜。乃古與古同,今與今同,雖小有不合,非其巨綱,然後恍然悟博士同爲一家,古學又別爲一家也。遍考諸書,歷歷不爽,始定今、古異同之論。

久之,悟孔子作《春秋》、定《王制》爲晚年説,弟子多主此義,推以遍説羣經。漢初博士皆弟子之支派,故同主《王制》立説。乃定《王制》爲今學之祖,立表説以明之。

蟻穿九曲,①予蓋不止九曲,雖數十百曲有矣。當其已明,則數言可了;當其未明,則百思不得。西人製一器,有經數十年父子相繼然後成者。嘗見其石印②,轉變數過,然後乃成,不知其始何以奇想至此。予於今、古同異,頗有此況。人聞石印,莫不始疑而終信,猶歸功於藥料。此則并藥料無之,將何以取信天下乎!

七十

史公不見《左傳》,則天漢③以前固無其書。然《前漢·儒林傳》謂張蒼、賈誼傳《左傳》學,為作訓解;《藝文志》無其書,則其説亦誤襲古學家言也。

按:《國語》蚤(通"早")出而《左傳》晚興,張、賈所見皆為《國語》。因其為左氏所輯,言皆記事,與《虞氏》《吕氏》同有《春秋》之名。其稱《左氏春秋》者,即謂《國語》,不謂《左傳》。《左傳》既出之後,因其全祖《國語》,遂冒左氏名為《左

---

① 蟻穿九曲:明董斯張《廣博物志》引《小説》云:"孔子得九曲珠,欲穿不得。遇二女教以塗脂於綫,使蟻通焉。"清馬驌《繹史》引《衝波傳》亦有類似記載。後世以"蟻穿九曲"或"蟻穿九曲珠"比喻運用智巧做好艱難之事。

② 石印,清朝後期由西方傳入的石版印刷技術。其法將原稿用特製的藥墨寫在藥紙上,待微乾,乃軋印於石版上,再揭去藥紙,用水拂拭,最後塗油墨印刷。

③ 天漢(前100—前97),漢武帝年號。據《史記·太史公自序》,《史記》所述"歷黄帝以來至太初(前104—前101)而迄"。

氏傳》。又以其傳《春秋》，遂混《左氏春秋》之名。後人聞傳《左氏春秋》，不以爲《國語》而以爲《左傳》，遂謂張、賈皆習《左傳》，此其冒名混實之所由也。使當時有《左傳》以傳經，又有師說，張、賈貴顯，何不求立學官？縱不立學官，何以劉子駿之前無一人見之？太史公博極群書，只據《國語》。劉子駿《移太常書》只云臧生等與同，①不云其書先見。班《書》又云，歆校書見《左傳》而好之(見《漢書·劉歆傳》："及歆校秘書，見古文《春秋左氏傳》，歆大好之。")。是歆未校書以前不見《左傳》也。觀此，則張、賈不習《左傳》明矣。

前亦頗疑《左傳》爲河間人所僞造(參廖平《春秋圖表》卷下《左傳刪例表》："河間王獻《左氏》。"河間，西漢郡國名，治今河北獻縣東南)，有數事可證其爲先秦之書者：其書體大思精，鴻篇巨帙，漢人無此才，一也。劉子駿爲漢人好古之最，猶不能得其意旨所在，則必非近作，二也。使果一人所爲，則既成此書必不忍棄置；且積久乃成書，力不易，亦必有人治其學傳其事；書成以後不授學者，而以全部送之秘府，又無別本，使非劉子駿，將與《古文尚書》同亡，至重不忍輕棄，三也。《曲禮》出在漢初，已爲傳記，則原書必不在文景之後，四也。西漢今學盛，使果西漢人作，必依附二家(魯學、齊學二家)，不敢如此立異，五也。

以舊說論之，駁《左》者謂成於建始(西漢成帝年號，公元前

---

① 臧生，當爲"庸生"之誤。見《漢書·劉歆傳》："傳問民間，則有魯國桓公、趙國貫公、膠東庸生之遺學與此同。"

32—公元前 28 年），則不若是之遲；尊《左》者謂出於漢初，則不若是之蚤。能知遲蚤成出之原，則庶乎可與談《左》學矣。

七十一

漢人今、古之説，出於明文者少，出於推例者多。《白虎通》所引《尚書》説之斂（大斂，又作"大殮"。喪禮之一，尸體入棺曰大斂）後稱王，《公羊》説之三年稱王，《詩》《春秋》之五不名①、五等皆稱公，②皆推例之説也。然明文之説，亦多出於推例。如《公羊》之由經推禮，與《左傳》之由經推禮，同一經也，有世卿、無世卿異，譏喪娶、不譏喪娶異，此又明文中推例得之者。然有明文之推例，皆先師説；無明文者之推例，皆後師説。後師推例雖同先師，然附會失解者多於先師，以其學不如先師也。

故予今、古禮制，以《王制》《周禮》有明文者爲正宗，以《三傳》推例有明文者爲輔佐。至於後師無明文之説，則去取參半。若《易》《尚書》《詩》《論語》《孝經》諸先儒説，除《禮記》本記諸篇外，則全由據《王制》《周禮》以推之者。此於今、

---

① 見《白虎通·王者不臣·五不名》："王者臣有不名者五"，"先王老臣不名"，"上大夫不名"，"盛德之士不名"，"諸父諸兄不名"。
② 參何休《公羊解詁》："公者，五等之爵最尊，王者探臣子心欲尊其君父，使得稱公，故《春秋》以臣子書葬者皆稱公。"

古學爲異派，其中或同或異，或因或革，則又立《流派表》以統之。

七十二

始因《白虎通》臚列各經師說，欲將其說列爲一表，名曰《五經禮制異同表》。後作《群經今古禮制異同表》①，以爲足以包括群籍，遂不作《五經表》(上述《五經禮制異同表》的簡稱)。

今案：此表不能不作。何以言之？諸經異說，有迥不相同，不關今、古之分者。如今《春秋》天子即位三年乃稱王(《公羊傳》文公九年云"天子三年然後稱王")，而《尚書》說則據《顧命》，以爲初喪稱子釗(周成王之太子姬釗，後即位稱王，史稱周康王。稱子釗，即《公羊傳》所謂"君薨稱子某"也)，斂後稱王。據經爲說，則無論今、古文《尚書》皆不能立異，與《春秋》三年稱王之說不同。《春秋》據逾年稱公，以爲逾年稱王，此據經也；②《尚書》據"王麻

---

① 按：今未見此表，有關今古各經禮制異同，可參卷上《今古各經禮制有無表》《今古各經禮制同名異實表》《今古各經禮制同實異名表》。

② 詳《春秋》莊公三十二年冬十月乙未"子般卒"、文公九年春"毛伯來求金"《公羊傳》。逾年稱公、稱王，指國君或周王死後，其繼任者過了年後方稱公、稱王。又，關於逾年稱王與三年稱王之區別，可參《禮記·曲禮》孔穎達正義："逾年則稱王者，據臣子稱也；若王自稱，必待三年。"

冕"①，以爲斂後稱王，此亦據經也。諸經如此類者實衆，不立此表，則此類無所歸宿，又必在今、古學中爲難矣。

七十三

博士言禮，據禮文者半，推經例者半。大約推例者皆當入《五經表》。何以言之？今學《王制》明文與古學不同者少，凡非明文則半多推例而得者，若以入《古今表》（前述《群經今古禮制異同表》的簡稱），反是以無爲有，此當入《五經表》。見此異同，非三代之不同，非今、古之異制，皆先師緣飾經義意造之說。

又《禮記》中所言異同，有二家異說者，有文義小變者。此二派又足爲《今古表》之陳涉、吳廣，亦必求所以安頓之。二家說異者，立一表附《古今表》後。

至於《曲禮》，本古文家說也。然所言六大、五官、六工之事，又全與《周禮》相反。② 足見古禮學中原有數派，但不用三公九卿，俱爲古學也。大約《今古表》中，今學只一派，古學流派多，以其書多人雜，不似今學少而專一也。

---

① 語出《尚書·顧命》。麻冕，一種禮冠。鄭玄注："麻冕，三十升布冠也。"按，鄭玄注《儀禮·喪服傳》云："布八十縷爲升，則三十升凡二千四百縷，布之至細者也。"

② 見《禮記·曲禮下》："天子建天官。先六大，曰大宰、大宗、大史、大祝、大士、大卜，典司六典。天子之五官，曰司徒、司馬、司空、司士、司寇，典司五衆。……天子之六工，曰土工、金工、石工、木工、獸工、草工，典制六材。"大，同"太"。

七十四

《異義》采録今、古説,多非明文,後師附會蓋居其半。

夫今、古異同,當以《王制》《周禮》爲綱領,《公》《穀》《左氏》爲輔佐。但據經傳,不録晚説,唯議明文,不徵影響。今許(許慎)所録,可據者半,不可據者半。大約今、古分別,兩漢皆不能心知其源。至於晚末,其派愈亂,如以今學説聖人皆無父而生,古學説聖人皆有父(參《詩·大雅·生民》孔疏),豈不可笑!又《公羊》説引《易》"時乘六龍以馭天",知天子駕六;未逾年君,有子則廟,無子則否(詳《春秋》莊公三十二年冬十月乙未"子般卒"、定公十五年九月辛巳"葬定姒"《公羊傳》):皆誤説也,而亦徵録。又引《公羊》以"鄭伯伐許"爲譏,《左》説"鄭伯伐許"以王事稱爵,皆非經意,爲余所駁者也。①

大抵許君生當晚近,有志復古而囿於俗説。其作此書亦如其《説文解字》,真贗雜采,純駁(駁指混雜不純)各半,屈於時勢,莫可如何。然其采雖雜,今猶與今爲一黨,古猶與古爲一黨,不自相攻擊。蓋其始則同有鄉人之義,繼則同爲博士黨同伐異,視古學如讎仇(又作"仇讎"。仇敵),惟恐其進與爲難。故

---

① "鄭伯伐許",載於《春秋》成公四年冬。廖平《穀梁古義疏》曰:"鄭在喪不稱子者,《春秋》伯、子、男爲一等,鄭以'伯'爲方伯,貴賤相嫌,故不稱鄭子。"

雖自立異，仍不敢援之以自樹敵，故説猶同也。

七十五

《異義》所録《左氏》，亦有異同。大約《左氏》亦有數家，故致歧出。

如既言《左氏》説："麟是中央軒轅大角獸，孔子作《春秋》者，禮修以致其子，故麟來爲孔子瑞。"又采陳欽説："麟，西方毛蟲。孔子作《春秋》，有立言。西方兑，兑爲口（語出《易·説卦傳》），故麟來。"陳欽，《左氏》先師也。是《左氏》固非止一家，故説不同也。

又言《左氏》説："施於夷狄稱天子，施於諸夏稱天王，施於京師稱王。"載籍不傳此義，此蓋用《曲禮》説《左傳》也，而文事與《曲禮》小異。此則未必異説之不同，蓋《左氏》舊用《曲禮》説，後久失傳，晚師無知者，而其初傳授之義，猶相墨守，久而訛脱，故與《曲禮》殊異。亦如《公羊》言桓公（齊桓公）盟詞及孔子説（詳本卷第八十七則及注），較之《孟子》多有訛脱是也。此《曲禮》爲《左氏》説之起文，亦如《孟子》爲魯學《春秋》先師之起文也。

七十六

初不得古學原始，疑皆哀、平之際學人所開。不然，何以漢初惟傳今學，不習古文？繼乃知古學漢初與今學并傳，皆有傳授。所以微絶，則以文帝所求伏生，武帝所用公孫弘，皆今文先師，黨同伐異，古學世無顯達，因此不敵。《毛詩》假河間獻王之力，猶存授受。至於《左傳》《周禮》，遂以絶焉。西漢今學甚盛，皆以古學爲怪，惡聞其説，習之何益？故不再傳而絶。觀劉子駿爭立，諸儒仇之，可知古學之微，非舊無傳，蓋以非當時所貴爾。

七十七

古學微絶，以非時尚，然其書猶陰行於民間。《異義》言叔孫通制禮有日祭，是爲古説。又云"叔孫通制禮，以爲天子無親迎，從《左氏》義"。陸賈①著書議禮，實多用其説，特未立學官耳。此爲孤芳，彼有利禄，人孰肯舍此就彼？數傳之後，今學至大師數千，古學之絶也不亦宜乎！

七十八

孔子作《春秋》，無即自作傳之理，故以口授子夏。《左氏傳》則承史文而傳之，亦非魯史自作傳也。今、古二家，孔子

---

① 陸賈，漢初政論家、辭賦家。楚人。從漢高祖定天下，官至太中大夫。著《新語》十二篇，大旨爲崇王道，黜霸術等。又著《楚漢春秋》九篇，已佚。

與魯史比，子夏與《左氏》比，以爲口說則皆口說，以爲傳記則皆傳記，分別言之，皆未窺其原也。甲申，擬《博士答劉子駿書》，尚未悟此理，尋當改作也。

今、古諸經，漢初皆有傳本傳授。其中顯晦升沈，存亡行絕，亦如人生命運，傳不傳，有幸不幸。諸說後來或分口說、載籍，或以爲有師、無師，皆謬也。《儀禮》，班氏以爲孔子時已不全，①其說是也。

七十九

漢初，古文行於民間，其授受不傳。然《尚書》《史記》所引多古文說，則武帝時有古《尚書》師也。毛公爲河間獻王博士，則古《詩》有師。古《周禮》說多見於《戴記》□□②師說，當時尚多引用，是《周禮》□□③亦有傳也。暇時當輯爲《漢初古文群經先師遺說考》，以明古文之授受非漢人僞作也。

八十

予讀《儒林傳》，未嘗不歎學人之重利禄也。古、今本同

---

① 見《漢書·藝文志·禮類》："……故曰：'禮經三百，威儀三千。'及周之衰，諸侯將踰法度，惡其害己，皆滅去其籍，自孔子時而不具，至秦大壞。"

② □□，據文意當作"古學"（黃海德說）。

③ □□，據文意當作"漢初"（黃海德說）。

授受，因古文未立學官，不惟當時先師名字遺說不可考，其有無是學，亦幾不能決，豈不可痛惜乎！

八十一

《藝文志》有《周禮傳》（《漢志》原作《周官傳》）四篇，不知撰者何人。若在武、宣（漢武帝、漢宣帝）以後，必傳名氏，豈秦漢先師遺說之存者歟？《五行志》（《漢書》篇名）引《左傳》說，亦不詳爲何人之作，或疑爲劉子駿說。案：劉語當著名氏，此亦秦漢先師說之偶存者。《戴記》中有二經師說，又當如今文《春秋》之《王制》，爲先秦以前之書，爲二經祖本矣。

八十二

《王制》天子大夫爲監於方伯國（《王制》原文云："天子使其大夫爲三監，監於方伯之國，國三人。"），《春秋》之單伯等是也。《左傳》不用其說，而《周禮》云作之牧，立之監（《周禮·天官·大宰》原文云："乃施典於邦國，而建其牧，立其監。"）。其所云立監者，蓋即與《王制》同，是古《周禮》亦有此說。《左傳》異之者，蓋爲監實非當時故事，《周禮》新撰，偶同《王制》耳。

八十三

古説有與今説相反,今説大明,遂足以奪古學之説。縱有明據解者,皆依違不敢主張,顯與今學爲敵。如《左傳》之元年取(通"娶")元妃(國君或諸侯的嫡夫人)、卒哭①行祭是也。

今學譏喪娶、喪中祭,此變古禮也。《左傳》禮,元年娶元妃。文二年,"公子遂如齊納幣"。《傳》云:"禮也。凡君即位,好舅甥,修婚姻(杜預注:"遣卿申好舅甥之國,修禮以昏姻也。"),娶元妃以奉粢盛(zīchéng,又稱齍盛。盛放在祭器内的穀物),孝也。孝,禮之始也。"宣元年,"公子遂如齊逆(迎娶)女"。《傳》無譏文,此《左傳》即位娶元妃之證也。《傳》云"娶元妃以奉粢盛",明婚爲祭,此喪祭之明證也。外如杜氏(西晉經學家杜預)所引:襄十五年,晉悼公卒;十六年,晉烝(冬祭)於曲沃(地名,在今山西聞喜縣東)。鄭公孫僑(字子産,春秋後期政治家,時任鄭國少正[亞卿])②云:"溴梁之明年③,公孫夏(字子西,鄭卿)從寡君以朝於君,見於

---

① 卒哭,祭名。在虞祭(父母葬後,迎其靈魂於殯宫之祭)後舉行。自大斂(屍體入棺)之後,朝夕之間,哀至則哭。虞祭之後,變爲朝夕一哭,稱爲卒哭,意即止孝子無時之哭。卒哭禮舉行的時間因死者身份不同而異。以諸侯論,五月而葬,行虞祭七次,當在葬後第十四日舉行卒哭禮(説見楊伯峻《春秋左傳注》僖公三十三年)。

② 公孫僑,原誤作"公孫儒",據《左傳》襄公二十二年改。

③ 溴(jú)梁,溴水邊所築大堤,在今河南濟源市。《春秋》襄公十六年"公會晉侯、宋公……于溴梁",即此。溴梁之明年,指襄公十七年。

嘗酎（zhòu。用醇酒進行嘗祭。嘗祭，指秋祭），與執膰焉（句意謂得賜祭肉。與，參預。膰 fán，祭祀宗廟之肉，祭畢，分與相關人員）。"皆足爲證（"襄十五年"至"皆足爲證"，節引自孔穎達《春秋左傳正義》所載杜預《春秋釋例》）。

又僖三十三年《傳》云："葬僖公，緩①作主（神主，神位），非禮也。凡君薨②，卒哭而祔，祔而作主，特③祀於主，烝、嘗④、禘於廟。"案：古禮重祔，今學不言祔；今學言祀主於寢，古學言祀主於廟。二者各異不相通。古學作主以後，即祔於廟中。凡小祀日祭，則但祀新主祔者，唯烝、嘗、禘大祀乃於廟行事，非不祭也。其譏吉禘莊公者（見《左傳》閔公二年夏："吉禘于莊公，速也。"），謂於祔主行禘祭，故譏之，非謂餘廟皆不祭也。"特祀於主，烝、嘗、禘於廟"，全從"禘於莊公"出來。後世學者以今混古，各相蒙亂，左右支吾，皆不能通矣。

八十四

古學亦用三年不祭之説，特謂新主耳。今學亦有喪不廢祭之事，謂郊天耳。二家各有所據，其分析處甚微。《周禮》

---

① 緩，原誤作"復"，據《左傳》改。
② 薨，原誤作"葬"，據《左傳》改。
③ 特，原誤作"時"，據《左傳》改。下文所引正作"特"。
④ 嘗，原誤作"常亦"，據《左傳》、《適園叢書》本改。下文所引正作"嘗"。

亦主喪祭，其説特爲注家所掩耳。如喪中用樂，《周禮》有之，後人皆不敢主其説，亦是也。

八十五

魯共王壞宅所得書，各家數目不同。《史記》不詳其事，劉子駿以爲有《左傳》。《漢書·河間獻王傳》言："求得書皆古文先秦舊書，《周官》《尚書》《禮記》《孟子》《老子》之屬，皆經傳説記，七十子之徒所論。立《毛氏詩》《左氏春秋》博士。"（按，此引文與原文略異）《魯恭王傳》言得古文經傳，無書名。《藝文志》云："得《古文尚書》及《禮記》《論語》《孝經》凡數十篇，皆古字也。"

案：以《漢書》證之，恐有《左傳》是劉子駿依附之説。傳古學者燕趙人，多不行於魯，當由今學與之爲難，故托言其書出於魯，以見魯舊傳其學之意，非實事也。

八十六

今、古學人好言今、古學得失，爭辨申難，無所折中。竊以爲雖漢已如此，然皆非也。今學如陸道，古學如水路，各有利害。實皆因地制宜，自然之致，自有陸水，便不能偏廢舟車。今駕車者詆舟船之弊，行舟者鄙車馬之勞，於人則掩善而著惡,於己則蓋短而暴長。自旁觀言之,則莫非門户之見,徒爲紛更(變亂更易)而已。

八十七

學禮煩難,今、古不足以統之,故表中多立門目。然其中有文字異同一例,本爲一家,傳習既久,文字小異,此當求同不可求異者也。

如《王制》與《孟子》,《祭法》與《國語》,宜無不合矣。其中乃有小異處,後人遂張皇山①不爲(通"謂")《孟子》與《王制》、《祭法》與《國語》有合,此則大非也。何以言之?《孟子》言葵丘盟詞,當即《穀梁》所言,乃《孟子》詳而《穀梁》略。《公羊》不在葵丘,所引則又略矣。② 《孟子》引孔子"其事則齊桓、晉文"一節,當即《公羊》"納北燕伯于陽"《傳》所引,③ 乃《公

---

① 據文意,"山"疑爲"而"字之誤。
② 葵丘盟詞,見《孟子·告子下》:"初命曰:'誅不孝,無易樹子,無以妾爲妻。'再命曰:'尊賢育才,以彰有德。'三命曰:'敬老慈幼,無忘賓旅。'四命曰:'士無世官,官事無攝,取士必得,無專殺大夫。'五命曰:'無曲防,無遏糴,無有封而不告。'"又見《穀梁傳》僖公九年:"毋雍泉,毋訖糴,毋易樹子,毋以妾爲妻,毋使婦人與國事。"葵丘,地名,在今河南蘭考縣東。《公羊傳》所言盟詞,見僖公三年陽穀之會:"桓公曰:'無障谷,無貯粟,無易樹子,無以妾爲妻。'"
③ 見《春秋》昭公十二年:"齊高偃帥師納北燕伯于陽。"《公羊傳》:"……子曰:'《春秋》之信史也,其序則齊桓、晉文,其會則主會者爲之也,其詞則丘有罪焉耳。'"

羊》與《孟子》互異。又《公羊》定元年引沈子，即《穀梁》定元年所引之沈子也。同引一師，同說一事，而文句不同。

又如《左》《國》《禮記》、諸子之記申生（春秋時晉獻公太子）事，本一事也，而所記各異。《孔子集語》集孔子之言，同一說也，而文義詳略乃至大相反。

此皆當求其同，而不當求其異。然此以知其源爲難，苟不知其源而惟求不異，則未有不爲害者矣。鄭君是也。

八十八

漢初叔孫通制禮，多用古説。原廟之制，①此古禮也。周禮"祀文王於明堂"（《孝經·聖治章》、《詩·周頌·我將》序等），而方岳（四方山岳）之下亦立明堂，如齊之明堂是也。②《左傳》有先君之廟曰都，無先君之廟曰邑（《左傳》莊公二十八年原文云："凡邑，有宗廟先君之主曰都，無曰邑。"）。此亦原廟、明堂之制。

惟今學乃不言明堂，立太廟，不立原廟也。古學，天子宗廟中無太廟，惟別立明堂，諸侯不立明堂，曰太廟。今學則天子、諸侯同曰太廟也。

---

① 見《史記·叔孫通列傳》："……叔孫生曰：'願陛下爲原廟渭北，衣冠月出游之，益廣多宗廟，大孝之本也。'上廼詔有司立原廟。原廟起，以複道故。"又見《史記·高祖本紀》："及孝惠五年，思高祖之悲樂沛，以沛宮爲高祖原廟。"裴駰集解："謂'原'者，再也。先既已立廟，今又再立，故謂之原廟。"

② 見《孟子·梁惠王下》："齊宣王問曰：'人皆謂我毀明堂，毀諸？已乎？'孟子對曰：'夫明堂者，王者之堂也。王欲行王政，則勿毀之矣。'"

今學家間有説古禮者,舊頗難於統屬。今立一法以明之,以爲講今學者時説古學,如《孟子》《荀子》皆言明堂是也。此如《春秋》曲存時制之例。

八十九

古學,禘爲祀天地,郊爲祈穀,禘重於郊。禘者,示帝也(《説文》云:"禘,禘祭也。从示帝聲。"),故謂魯禘非禮。① 《穀梁》不言禘非禮。古學無祫祭。《公羊》説禘用古學,説祫用今學。今學不以禘爲大祭。古學每年一禘,亦無三年一祭、五年再祭之説(參《公羊傳》文公二年:"五年而再殷祭。"《禮緯》:"三年一祫,五年一禘。")。

九十

講禘祫須先知廟制。今先作《今古學廟制圖》,便知古無祫祭,今無配天禘祫之説。本數言可了,先儒含混言之,遂致糾葛耳。《左傳》不立四時祭之名,《周禮》則有之。《左傳》雩爲祈穀,與《周禮》同,又有求雨之雩。今禮則雩專爲求雨,無祈穀説。《左傳》移動今學時祭,以郊、雩、烝、嘗當之。四

---

① 見《論語·八佾》:"子曰:'禘自既灌而往者,吾不欲觀之矣。'"《禮記·禮運》:"孔子曰:'……魯之郊禘,非禮也,周公其衰矣!'"

者皆爲農事,所謂春祈秋實,不專在宗廟行事者也。此《周禮》《左傳》所以不同。

欲分今、古禮,須先將其名目考清。某禮於古爲某事,於今爲某事;某禮爲今、古學所有,某禮爲今、古學所無;某禮無其事而有名,某禮有其實而異其號。須先考正名實,然後求細目。不先知此,則禮制不能分也。

九十一

古禮門目多,今禮儀節少。今禮如建國、爵禄、立官、選舉外,其改動古學者可以計數。至於一切儀節名物,多從古說。故凡所不改者,皆今、古同者也。今爲一表,以收今、古不同者,以外有古無今者,則均附此篇之後。所錄雖屬古文,實則今禮亦如此也。

九十二

《月令》說:脾爲木,肺爲火,心爲土,肝爲金,腎爲水。此古文說也。博士說:肝木,心火,脾土,肺金,腎水(見《禮記·月令》孔穎達正義引《五經異義》)。今醫家皆祖博士,而古文無知之者。以高下相生爲序:脾居中,主生爲木,次肺火,次心土,次肝金,次腎①。腎生脾,又始焉。甚有理。

然予說藏府(通"臟腑",即五臟六腑),不以配五行。脾胃爲中,肺心在上,肝膽在下。脾與胃對,肺與肝對,心與膽對。脾胃主消納,肺受而爲氣,肝受而爲血,心爲氣精,膽爲血精。肺肝主形質,心膽主精華。氣血已盛,然後腎生;氣血將衰,則腎先死。腎如樹木花實之性,乃五藏之精華,以爲生發之機者,古書當有此說。

九十三

《周禮》封建之制與《王制》相較,一公所封多至二十四倍,②此必不能合者。《孟子》以齊魯皆百里,初以爲今學門面語也。然下云今"魯方百里者五",以爲大,似確是當時實事。③繼乃悟周初封國實不如《王制》之小,諸侯封大易爲亂,

---

① 據上文例,"腎"後當脫"水"字。
② 見《周禮·地官·大司徒》:"諸公之地,封疆方五百里。"《禮記·王制》:"公侯田百里。"可知《周禮》公封方五百里,多於方百里者二十四倍"(廖平、黃鎔《書經周禮皇帝疆域圖表·尚書四帝四鄰十五服九州圖第三》)。
③ 見《孟子·告子下》:"周公之封於魯,爲方百里也,地非不足,而儉於百里。太公之封於齊也,亦爲方百里也,地非不足也,而儉於百里。今魯方百里者五,子以爲有王者作,則魯在所損乎,在所益乎?"

故《王制》改爲百里。魯舊本大,《詩》有七百里之説是也。①至孟子時多所侵削,所謂"魯之削也滋甚"(《孟子·告子下》),非魯多滅小國,乃僅此"方百里者五"也。

《周禮》本非百里,孟子以《王制》爲周禮,皆因主其説久,周禮不可聞,故即以爲是周禮。董子亦以《王制》爲周禮。封建之制,變爲郡縣,郡之大者方廣得四五百里,漢初封國大者亦四五百里,此所本也。《王制》則"衆建諸侯而小其力"(《漢書·賈誼傳》)之説也。

總之,《周禮》之書與《王制》同意,均非周本制,特《周禮》摭拾時事處多,《王制》則於時制多所改變爾。

九十四

今學有大廟,古學無大廟。《明堂位》記因《春秋》有大廟,緣經爲説,故曰"大廟,天子明堂"。以明堂、大廟分爲天子、諸侯制,順《春秋》大廟之文也。

---

① 按:《詩經》言周初封魯,見《詩·魯頌·閟宮》:"王曰:'叔父,建爾元子,俾侯于魯。大啓爾宇,爲周室輔。'乃命魯公,俾侯于東。錫之山川,土田附庸。"然未直言封疆里數。鄭玄箋:"封魯公以爲周公後,故云'大開女居,以爲我周家之輔'。謂封以方七百里,欲其疆於衆國。"又,《禮記·明堂位》云"封周公於曲阜,地方七百里",鄭玄注:"上公之封,地方五百里,加魯以四等之附庸,……得七百里。"故正文中所謂"《詩》有七百里之説",蓋出自《閟宮》詩。不過後來廖平《古學考》又否定魯有七百里之説,認爲《明堂位》"七"字當爲"四"字之誤。

今學禘在大廟，古學禘不在大廟。鄭曰行於圓丘（見《禮記·祭法》鄭玄注："此禘謂祭昊天於圜丘也。"按：圜丘即於圓丘，指祭天之圓形建築）。《春秋》有"禘於大廟"，當緣經爲說，故《左傳》曰："季夏六月，以禘禮祀周公於大廟。"①言天子禘於圓丘，諸侯則禘於大廟，以順《春秋》"禘於大廟"之文也。此《左氏》緣經立說之事也。

九十五

予言今、古，用《異義》説也。然既有許義而更別有異同者，則予以禮制爲主，許以書人爲據。許以後出古文爲古，先出博士爲今，不知《戴記》今、古并存，以其先出有博士，遂目爲今學，此大誤也。其中篇帙，古說數倍於今，不究其心，但相其面，宜其有此也。

《異義·明堂制》：今《戴禮》説《明堂》篇曰云云，又引古《周禮》《孝經》説"明堂，文王之廟"云云。按：今學不言明堂，言明堂皆古學，劉子駿所説是也。《戴記》四説②皆古學之流派，非今學也。且其四說有一説以明堂爲文王之廟（見《大戴禮記·明堂》），即許君所引古《周禮》《孝經》説也。安見其説在

---

① 按：此引文不見於《左傳》，實出《禮記·明堂位》。
② 《戴記》四説，《大小戴禮記》中有關明堂制的四種説法，載於《小戴禮記》中的《月令》《明堂位》及《大戴禮記》中的《明堂》《盛德》。

《周禮》便爲古，在《戴記》便爲今？《大小戴記》凡合於《周禮》《左傳》《毛詩》者，蓋爲古學；合於《王制》者，蓋爲今學。一書兼存二家。此不以實義爲主，乃以所傳之先後爲主。使當時《周禮》早出得立博士，或《戴記》晚出不得立，不又將以《周禮》爲今，《戴記》爲古乎？

蓋漢人今、古紛争，積成仇隙，博士先立，古學之士嫉之如讎（同"仇"）。凡未立者引爲一黨，已立者別爲一黨，但問已立未立，不問所說云何。東漢之末，此風猶存。故許右古左今（右，祖護；左，疏遠），著爲《異義》，以《戴記》先立，尚挾忿排斥，以爲異端。

今則無所疑嫌，平心而睹，源流悉見。康成和解兩家，意亦如此。然康成合混，予主分別。合混難而拙，分別易而巧。然既合混之後，又歷數千年之久，則其分之也，乃轉難於康成昔日之合之矣。

九十六

《異義》引《左氏》說曰："古者先王日祭於祖、考，月祀於高、曾，時享及二祧，歲祫於壇墠，終禘及郊宗石室①。"按：此

---

① 終禘，許慎《五經異義》引舊說曰："終禘者，謂孝子三年喪終，則禘於太廟，以致新死者也。"宗，上古時祭禮之一，指郊祀時以有德之祖宗配食。郊宗石室，參段玉裁《說文解字注》"祐"shí條："郊宗，蓋謂郊鯀宗禹、郊冥宗湯、郊稷宗武王之類。遠祖之宔（zhǔ，藏神主的石函）爲石室藏之。至祭上帝於南郊，祭五帝於明堂，則奉其宔以配食，故謂之郊宗石室。"

説《左傳》者之言也，其言本於《國語》《祭法》而不盡合。

《祭法》言親廟有五（考廟、王考廟、皇考廟、顯考廟、祖考廟，即父廟、祖廟、曾祖之廟、高祖之廟、高祖之父廟），其廟制以考爲總匯，當是日祭考、月祀四親廟，故下有下祭五殤之文（《祭法》原文云："王下祭殤五：適子，適孫，適曾孫，適玄孫，適來孫。"適，同"嫡"）。以上祭五代，故下亦得同。今説日祭祖、考，月祀高、曾，此則改五代以爲四代也。

至於以歲祫終禘爲説，則更非《左》意矣。《國語》雖有歲、終之文，歲猶可言，終當不能定爲常典，其謂王終耶，抑謂外蕃之終耶？此恐當從外蕃説，事無定，不能言時日也。至於歲一行祫，亦與烝、嘗、禘於廟不合。大約此言亦誤解緯説，妄附祫、禘，而不知《左傳》本義不如此也。

九十七

《禮記·冠義》《婚義》《鄉飲酒》《射義》與《儀禮記》異篇。舊以爲異師重篇，今乃知此《王制》今學六禮①記也。

---

① 六禮，見《禮記·王制》："司徒修六禮以節民"，"六禮：冠、昏、喪、祭、鄉、相見"。廖平《王制集説》云："鄉即饗，所謂饗禮"，"六禮儀節，《儀禮》《禮記》最詳，本書缺冠、昏、饗禮"。

以《婚義》言之，内官百二十人，與外官同，①此今説。又《儀禮》爲士禮，此獨詳王后事，可知此《王制》説。

又《射義》"天子射以②選諸侯、卿、大夫、士"，"古者天子之制，諸侯歲獻貢士於天子"，"試之於射宮"，"射中多者，得與於祭③"云云，及慶讓餘地、削地之説，④全與《穀梁》《大傳》（伏生《尚書大傳》）《繁露》（董仲舒《春秋繁露》）等書同，此亦今學也。古學則不貢士，皆世官，亦不以射爲選舉，此可知也。

又《婚義》云："夫禮始於冠，本於婚，重於喪祭，尊於朝聘，和於鄉射⑤。"《王制》則云："六禮：冠、婚、喪、祭、鄉、相見。"案：《王制》之相見即《婚義》之朝聘也，於士爲相見，於天子爲朝聘。《王制》之鄉，即《婚義》之鄉射也。

九十八

予學禮，初欲從《戴記》始，然後反歸於《周禮》《儀禮》。

---

① 内官，指宮中的女官屬；外官，指宮外百官。據《禮記·昏義》，内官百二十人，指三夫人、九嬪、二十七世婦、八十一御妻；外官百二十人，指三公、九卿、二十七大夫、八十一元士。

② 射以，《禮記·射義》作"以射"。

③ 祭，原誤作"義"，據《禮記·射義》改。

④ 見《禮記·射義》："數與於祭而君有慶，數不與於祭而君有讓；數有慶而益地，數有讓而削地。"數，屢次。慶，賞賜。讓，譴責。

⑤ 鄉，鄉飲酒禮。廖平謂"鄉"讀作"饗"，説見氏著《知聖篇》《王制集説》等。射，大射禮，指爲祭祀擇士而舉行的射禮。古者鄉射并稱，蓋射禮前皆先行鄉飲酒禮（即饗禮）。

縱觀博考，乃知其書浩博無涯涘，不能由支流以溯原①，故以《王制》主今學，《周禮》《儀禮》主古學。先立二幟，然後招集流亡，各歸部屬。其有不歸二派者，別量隙地處之，爲立雜派。再有歧途，則爲各經專説。

《易》《詩》《論語》，言多寄托，大約可以今、古統之。至《尚書》《左傳》《公羊》《孝經》，則每經各爲一書，專屬一人理之。《尚書》爲史派，有沿革不同，以統《國語》及三代異制等説。庶幾有所統馭，不勞而理也。

九十九

《王制》似有佚文在別篇，疑《文王世子》其一也。今觀《千乘》篇，其説四輔全與《王制》文同，②此孔子晚年告哀公用《春秋》説也。予初以《王制》後篇分爲三公，③今此篇乃以四官分主四時（見《大戴禮記·千乘》："司徒典春"，"司馬司夏"，"司寇司秋"，"司空司冬"），今用其説主四官，特司寇不入三公數耳。又《王制》言大司徒以教士車甲，《千乘》作司馬是也。上下文

---

① 溯原，原誤作"朔原"，據《適園叢書》本改。
② 見《大戴禮記·千乘》："國有四輔，輔，卿也。"四輔，即下文所謂司徒、司馬、司寇、司空四官是也。又見《禮記·王制》："司空執度度地"，"司徒修六禮以節民性"，"司馬辨論官材"，"司寇正刑明辟"。
③ 見《禮記·王制》："大司徒、大司馬、大司空齊戒受質，百官各以其成，質於三官。大司徒、大司馬、大司空以百官之成，質於天子。"

同,司馬主兵,知司馬義長。不然,《王制》説司馬主兵者不見矣。今取爲注,則官職之事詳矣。得此輔證,又一字千金也。

一百

《孔子三朝記》皆晚年之説,故多同《王制》,《千乘》《四代》《虞戴德》等篇是也。故《虞戴德》多與《穀梁》合。如天子朝日,"諸侯相見,卿爲介(介即副使,輔賓傳信之人),以其教士(諸侯泮宮所教之士)行,使仁守"。及射禮、慶讓諸節,此其文義皆同《穀梁傳》,文與今學合者。舊多失引,一俟《王制義證》成,再爲補改也。

一百一

《千乘》篇者,《王制》説也。《王制》言三公,而《千乘》多司寇,分主四時。《王制》言司寇事甚詳,既不得謂《千乘》與《王制》不合,又不得謂司寇非秋官,疑當依《千乘》作四官。

司寇既掌四時,其不與三公敵體者,乃"任德不任刑"(見董仲舒《春秋繁露·基義》、《漢書·董仲舒傳》引董仲舒對策等)之意。故其所掌與三公同,而退班在三公後。《王制》:司寇獻獄之成於三公，而三公聽之，然後獻於王，①此司寇受制三公之證也。蓋樂正，司徒之副；司寇，司馬之附；市，司空之副。② 三者爲九卿之首，然樂正猶爲上公佐，司寇乃爲中公佐。一主教，一主刑，刑不先教，雖司寇不敵樂正之尊，此孔子"任德不任刑"之意也。③ 董子之説，蓋原本於是矣。

一百二

人見廬山圖，皆知其只一面，而全山不見也。然習見此圖，目中雖爲一面，而心中遂以爲足盡廬山，故見其左右及後面之圖，則駭然以爲別山而非廬，此人情也。

人日讀《王制》，以爲此正面也。及觀《孟》《荀》《大傳》（《尚書大傳》）《繁露》《外傳》（《韓詩外傳》）、緯候制度，則以爲別山而非廬，此又人情也。故凡《孟》《荀》《書》《詩》《春秋》師説、緯候之文，多各異端，不能得其綱領，不以爲異説，則以爲

---

① 《禮記·王制》原文云："大司寇以獄之成告於王，王命三公參聽之。三公以獄之成告於王，王三又，然後制刑。"

② 参《禮記·王制》："大樂正、大司寇、市三官，以其成從質於天子，大司徒、大司馬、大司空齊戒受質。"皮錫瑞《王制箋》："大樂正、大司寇、市三官，當是副貳三公者。大樂正當爲大司徒之副，以其皆掌教；大司寇亦當爲大司馬之副，以刑通於兵；市當爲大司空之副，以市亦度地居民之一。"

③ 参《論語·爲政》："子曰：'道之以政，齊之以刑，民免而無恥；道之以德，齊之以禮，有恥且格。'"《論語·子路》："子曰：'善人爲邦百年，亦可以勝殘去殺矣，誠哉是言也。'"

僞撰,不以爲傳聞,則以爲訛脱,而孰知其即廬山之別面也哉!

予故類集而推考之,諸書各説一面,合之乃全,或左或右,或前或後,於是向之區(同"扁")而不圓者,今乃有楞(同"棱")象,其中曲折,亦俱全備。譬之人身,《王制》其面目四體而已,諸書乃其藏府腸胃、經絡脈理。今但言面目四體,則是木偶;必須得其藏府清和,經絡通邕(通"暢"),乃知行步飲食,出謀發言。苟不及諸書,則是木偶《王制》而已。

一百三

《王制》一篇,以後來書志推之:其言爵禄,則《職官志》也;其言封建九州,則《地理志》也;其言命官、興學,則《選舉志》也;其言巡狩、吉凶、軍賓,則《禮樂志》也;其言國用,則《食貨志》也;其言司馬所掌,則《兵志》也;其言司寇,則《刑法志》也;其言四夷,則外夷諸傳也。大約宏綱巨領,皆已具此,宜其爲一王大法歟!

一百四

古學六卿,今六部之所仿也。今學則只三公:司徒主教,禮部是也;司空主養,户部是也;其餘吏、兵、刑、工四部,今學皆以司馬一官統之。可見其專力於養教之事。古學分一司馬爲四官,今反重吏、兵、刑爲繁缺(政務繁忙的官職),毋怪教養之政,膜(漠然)不相關也。

一百五

《王制義證》中當有圖表,如九州圖、建國九十三圖、二百一十國圖、制爵表、制禄表。務使此書隱微曲折,無不備見,又皆可推行,雖耗歲月所不辭也。

一百六

或疑古學出於燕趙爲無據,曰:荀子趙人,《韓詩》燕人,皆爲今學,豈能必燕趙爲古?叔孫通、賈子(賈誼)亦非燕趙人,此可疑者也。然古學秦前無考,漢初不成家,先師姓名俱不傳,又何能定其地?

西漢古學,惟《毛詩》早出成家,今據以立説者,特以《毛詩》爲主。毛公趙人,又爲河間博士,且魯無古説,齊則有兼采,以此推之,必在齊北,此可以義起者也。

今、古之分,亦非拘墟(又作"拘虛"。本指孤處一隅,此指拘守地域分野。典出《莊子·秋水》:"井鼃不可以語於海者,拘於虛也。")所能盡,以鄉土立義,取人易明耳。至於實考其源,則書缺有間,除《毛詩》以外,未能實指也。

古學考

廖平 著
潘林 校注

題　記*

　　丙戌(光緒十二年,即公元1886年)刊《學考》(《今古學考》),求正師友。當時謹守漢法,中分二派(今學、古學)。八年以來,歷經通人指摘,不能自堅前說。謹次所聞,錄爲此册。以古學爲目者,既明古學之僞,則今學大同,無待詳說。敬錄師友,以不没教諭苦心。倘能再有深造,尚將改訂。海内通人不吝金玉,是爲切望。

　　甲午(光緒二十年,即公元1894年)四月,廖平自記。

---

　　* "題記"二字,原文無,係校注者所加。

一

舊著《知聖篇》專明改制之事，説者頗疑之。然既曰微言，則但取心知其意，不必大聲疾呼，以駭觀聽。今則就經言經，六藝①明文，但憑目見。或爲擇善取同，或爲新義創制，不能質言（如實而言），都從蓋闕（語出《論語·子路》："君子於其所不知，蓋闕如也。"後以"蓋闕"連用，指存疑空缺）。專述經言，不詳孔意，非僅恐滋疑竇，抑以別有專篇也。

二

舊以《王制》爲孔子爲《春秋》而作。② 崧師③云："此弟子本六藝而作，未必專爲《春秋》與自撰。"案：舊説誤也。《文選注》引《論語讖》（《論語》類緯書的一種）："子夏等六十四人撰仲尼

---

① 六藝，即《禮》《樂》《書》《詩》《易》《春秋》六經。見《史記·滑稽列傳》："孔子曰：'六藝於治一也。《禮》以節人，《樂》以發和，《書》以道事，《詩》以達意，《易》以神化，《春秋》以道義。'"

② 見《今古學考》卷下第四則："孔子……至於晚年，哀道不行，不得假手自行其意，以挽弊補偏。於是以心所欲爲者，書之《王制》，寓之《春秋》。"第六十五則："蓋《王制》孔子所作，以爲《春秋》禮傳。"

③ 崧師，即伍肇齡（1829—1915），字崧（一作"嵩"）生，四川邛州（今四川邛崍）人。道光二十七年進士，後任翰林院編修。在伍肇齡主講成都尊經書院期間（1887—1896），廖平爲書院襄校，以弟子禮事之，故稱其爲師。

微言,以事素王。"①由《論語》可推《王制》。凡《王制》所言,皆六藝之綱領,仲尼没,弟子乃集録之。六經制度,全同此書。當删定時,不審其爲舊文新義。但六藝皆明王法,而此乃王者之制,宜無不同。聖作爲經,此篇在記,自係弟子推本孔經,作爲大傳,以爲諸經綱領,不必定爲孔筆。

孟、荀於此書指爲周制者,則以六經周事爲多,就經説經,自爲時王之制。《左》《國》爲六藝事傳,凡係經説皆寓之時事,與董子"因時事加王心"②之説實同,皆以發明經義。聖作爲經,賢述爲傳(參張華《博物志》卷六《文籍考》:"聖人制作曰經,賢者著述曰傳。")。《王制》既不爲經,則是群經大傳,出於弟子無疑。

三

舊説《詩》《書》禮制有沿革,不入今、古派,皆先師各據所學以説之者。周宇仁(周國霖,字宇仁,四川新津縣[今四川成都市新津區]人。廖平在成都尊經書院肄業時的同學)以爲四代(虞、夏、商、周)同制,全合《王制》。案:其説是也。《詩》《書》與他經,漢十四博士同據《王制》説之,别無異制,可見其同。及經同學細考

---

① 見《文選·劉歆〈移讓太常博士書〉》李善注:"《論語讖》曰:'子夏六十四人共撰仲尼微言。'"又見《文選·曹攄〈思友人詩〉》李善注:"《論語崇爵讖》曰:'子夏共撰仲尼微言,以當素王。'"

② 董仲舒《春秋繁露·俞序》原文云:"孔子曰:'吾因其行事而加乎王心焉,以爲見之空言,不如行事博深切明。'"

《書》《詩》所言禮制，與《王制》無絲毫出入。今《尚書》、三家《詩》説可證也。

又《書》有四代之文，《詩》兼二代（商、周）列國，而禮制并無沿革。唐虞舊典，下同《春秋》。《古書》（《古文尚書》）《毛詩》乃盡棄今學而參《周禮》，然每與經不合。馬、鄭（東漢經學家馬融、鄭玄）不能如伏、韓（西漢經學家伏生、韓嬰）詳備者，勉強自然，真僞各異。舊以二經有沿革，不入今、古學派；既實知其沿革與今禮符合，故不得不歸入今學也。説詳《書》《詩》二經凡例（係前述《十八經注疏凡例》中的兩種凡例，疑即《群經凡例》中的《今文尚書要義凡例》《今文詩古今疏證凡例》）。

四

舊説以《周禮》與《左傳》同時，爲先秦以前之古學。宜賓（地名，在今四川）陳錫昌（即陳開熾，字錫昌。肄業於成都尊經書院，官至廣西泗城知府）疑《周禮》專條，古皆無徵。今案：前説誤也。此書乃劉歆本《佚禮》、羼（chàn，掺雜）臆説揉合而成者，非古書也。

何以言之？此書如果古書，必係成典，實見行事者。即使爲一人擬作私書，亦必首尾相貫，實能舉行。今其書所言制度，惟其本之《王制》今禮者，尚有片段。至其專條，如封國、爵禄、職官之類，皆不完具，不能舉行，又無不自相矛盾。如建國五等、出車三等①之類。且今學明説見之載籍者,每條無慮數千百見;至《周禮》專條,則絶無一證佐。如今學言封國三等,言三公九卿,毋慮千條。而《周禮》言地五等,以天地四時分六卿,則自古絶無一相合之明證。此可知其書不出於先秦。

擬將其書分爲二集:凡《佚禮》原文,輯出歸還今學;至劉氏所屢補之條,删出歸之古學。故今定《周禮》爲王莽以後之書,不能與《左氏》比也。説詳《周禮删劉》與《官禮凡例》(係前述《十八經注疏凡例》中的一種,或即《群經凡例》中的《周官考徵凡例》)。

五

舊表以《樂》與《古書》《毛詩》爲古學,非也。《樂》爲六藝之一,既經手定,則同屬五經;以《韶》(舜樂名)爲宗,則迥非周舊矣。孔氏(西漢大儒孔安國)寫定《尚書》,以今文數篇推其異者寫成隷字耳,有經無説。《毛公詩》,班(東漢史學家班固)云自以爲子夏所傳(見《漢書·藝文志》:"又有毛公之學,自謂子夏所傳。")。此二家亦今學也。孔、毛西漢之書,皆爲今學而不傳。

---

① 建國五等,指封疆建國按公、侯、伯、子、男五等分配土地。見《周禮·地官·大司徒》:"凡建邦國,以土圭土其地而制其域:諸公之地,封疆方五百里,其食者半;諸侯之地封疆方四百里,其食者參之一;諸伯之地,封疆方三百里,其食者參之一;諸子之地,封疆方二百里,其食者四之一;諸男之地,封疆方百里,其食者四之一。"出車三等,指"因井田而制軍賦"(《漢書·刑法志》),自天子以至大夫,軍賦分爲三等:天子畿方千里,兵車萬乘;諸侯方三百一十六里,兵車千乘;卿大夫方百里,兵車百乘。説見廖平《王制集説》。

東漢之柒書①、《毛傳》,則杜、賈、謝、衛（東漢經學家杜林、賈逵、謝曼卿、衛宏）托始於孔、毛以求勝,與西漢別爲一家。前今後古,不得因後以改前。説詳《古文尚書》《毛詩》凡例（疑爲前述《十八經注疏凡例》中的兩種,今未見）。

六

舊以《儀禮》經爲古學,記爲今學;新津胡敬亭②以爲皆今學。今案:其説是也。《儀禮》爲孔子所作,孺悲（春秋末魯國人,孔子弟子）所傳《士喪禮》（《儀禮》篇名）可證,爲《王制》司徒六禮之教,與《春秋》莫不合,此亦全爲今派,非果周之舊文尚爲古派,而記乃弟子所記也。今將經、記同改入今學,以此即爲"經禮三百"（語出《禮記·禮器》。孫希旦集解:"經禮者,常行之禮,如《儀禮》冠禮、昏禮之類,其目有三百也。"）,先師所云"制禮正樂"③是也。説詳《儀禮凡例》（係前述《十八經注疏凡例》中的一種,當即《群經凡例》中的《禮經凡例》）。

---

① 柒書,用漆書寫的《古文尚書》。柒,同"漆"。見《後漢書·杜林傳》:"(杜)林於西州得漆書《古文尚書》一卷。"

② 胡敬亭,即胡從簡,字敬亭。肄業於成都錦江、尊經書院,光緒十八年進士。善治禮學,著述累六百萬餘言。

③ 參《禮記·禮器》:是故先王之制禮也以節事,修樂以道志。"《禮記·樂記》:"故聖人作樂以應天,制禮以配地。"

七

　　舊説禮制以不同《王制》爲古派，以《左傳》《周禮》與《王制》同者爲今、古所同；同邑（同縣，此指廖平故里四川井研縣）胡哲波（即胡濬源，字哲波。肄業於成都尊經書院，著有《大戴補證》《群經質疑》等）以爲不如分經。今案：舊説誤也。孔子以後，惟今説盛傳，《左傳》及《官禮》（據後文，指《周禮》去除僞羼部分，爲《佚禮》原文，立官與《王制》相同）皆爲今學。其①《王制》不同者，則儀節參差，一書不能全備，參差互見，潤澤經説以補之，非異説也。

　　今《王制》與《穀梁》爲魯學，然實爲今學。一家不能盡天下變，弟子七十人各尊所聞，異地傳授，彼此各詳，不必皆同。如《公羊》，今學也，而禮與《穀梁》不盡同；《國語》，今學也，而廟祭與《王制》相近。此非互文補義（又作互文見義。指上下文或多處文字各有交錯省却而又相互補足，合而文義乃全），即三統異説。六經既定一尊，又以三統通其變，弟子各據所聞以立説，故異説亦引據孔子語可證。

　　《王制》統言綱領，文多不具；《春秋》《詩》《書》《儀禮》《禮記》所言節目（條目，項目），多出其外，實爲《王制》細節佚

---

① 據文意，"其"後當脱"與"字。

典,貌異心同,如明堂、靈臺①、月令(農曆某月的時令。詳《禮記·月令》)之類,此佚脱之儀節也。《孟子》云:"此其大略,若夫潤澤之,則在君與子。"《王制》所言,大略也;先師乃據各經所見,以相潤澤。故《王制義證》所采董子爵國、官職等詳細節目,文多互異。此在《王制》雖無明文,各經別有詳說。

如今之祭祀祖先,本有日、月、時、歲之不同,必詳乃爲全文,此一定之理也。乃諸書多言時祭,而略於日、月、三年,此舉中以包上下也。《孝經》獨言春、秋二祭,則以諸侯歲只二祭,錯舉以見之。《國語》言"日祀、月享、時祭、歲殷、終王",②乃爲全文,特其中各有隆殺(shài。隆殺猶尊卑、厚薄、高下)等差耳。今孔廟朔望皆行香,使謂祖廟一年只臨祭二次,未免過於疏略,非人情;一日一臨,又過瑣細。大約日祀爲廟祝(廟宇中掌管香火之人)所行,或如今禮於宫中別有日祀之事,皆未可知。

總之,諸經所言禮節,苦不能全,必相參合,乃爲詳備。以今列古,禮緣人情,不能是丹非素,拘泥一家,非斥異己。此例一明,然後知今禮廣博,無所不包。今於劉歆以前異禮,統以參差例歸之。不立古學者,以其時尚無古學也。故今同一例,亦并删之。

---

① 靈臺,古代天子觀察天文星象、妖祥災異的建築。見《詩·大雅·靈臺》:"經始靈臺,經之營之。"毛傳:"神之精明者稱靈,四方而高曰臺。"
② 歲殷,疑爲"歲貢"之誤。見《國語·周語上》:"日祭、月祀、時享、歲貢、終王,先王之訓也。"韋昭注:"終,謂世終也。朝嗣王及即位而來見。"

八

舊説《儀禮》謂孔子所改者少，不改者多，不能據實。今以六藝爲斷，凡見於六藝者，統歸經制，不復問其改與不改。至於古書所言周之佚聞行事，其與六藝不合者，則別入《四代禮制佚存》①中。當時有此行事，未必即周舊典，亦未必人皆如此。馬、鄭雖嘗本此求異今學，然此爲誤解例，非古學之根原，其事亦不盡爲古學所祖。故別爲一書，不使古學家得專之也。

九

舊以魯、齊、古爲鄉土異學，今、古爲孔子初年、晚年異義；同年（古代科舉考試同科中式者之互稱）黄仲弢②不以爲然。今案：西漢既無古學，則無論齊趙，既立參差例（詳本書第七則），孔語實歸一途。《公羊》與《穀梁》異義，舊以爲《公羊》用古學，今合勘之，乃得其詳。《左》《國》全本六藝，《佚禮》亦屬經説。西漢以前，道一風同，更無歧路，則鄉土未定之説皆可删之。

---

① 《四代禮制佚存》，又稱《四代古制佚存》，廖平組織尊經書院學生撰輯，共兩卷。今僅存《四代古制佚存凡例》，收入《群經凡例》中。
② 黄仲弢，即黄紹箕（1854—1908），字仲弢，號鮮庵，清浙江瑞安人。曾任湖北提學使、京師大學堂總辦等職。著有《中國教育史稿》等。與廖平同爲光緒已卯科（1879）舉人，故廖平稱其爲同年。

十

舊以《孝經》爲古學，爲其禮制與《王制》有異也。今案：《孝經》既爲孔子所傳，其中所言祭祀、明堂雖與《王制》小異，然其説時見於他傳記，不應獨爲古學。

今定《孝經》與六藝同爲今學。至其儀節異同，則統以補證《王制》。説經以異説爲貴，可以借證，非禮制偶異，便爲古學。又當時實無古派，謂後人以此求異則可，謂《孝經》爲古學家則不可也。

十一

舊表以《逸禮》《費易》爲古學，非也。《逸禮》即《周禮》之原文，《禮經》非古，則逸者可知。又其文散見者，皆今學也。《易》西漢無古學，費氏雖經有異文，然其説禮制仍今學。故《異義》（許慎《五經異義》）無古《易》，《藝文志》於《費易》亦不云古，可見《易》無古學。

總之，劉歆以前不可立古名，建武（漢光武帝年號，公元25—56年）後古學乃成，則不得以《逸禮》《費易》爲古學也。

十二

舊以孔子晚、壯爲今、古之分，鐵江師①以爲未合。此因說有兩歧，誤爲此說。實則"從周"之言，專指儀節底册，成憲足徵，據此改定，不如夏、殷簡陋廢墜，故以"從周"爲言，即"服周冕"（見《論語・衛靈公》："'顏淵問爲邦。子曰："行夏之時，乘殷之輅，服周之冕，樂則《韶》《舞》。"'"）之意。

《公羊》專主改周從質立説，實則孔子於周有損益，非但損無益也。舊表以今學主薄葬，富順（今屬四川自貢市）陳子元②以爲疑，今從改正。如三年喪、親迎等事，皆繁難過於古制，可見非專主從簡。古用世卿，《王制》學禮乃興學校、開選舉，踵事增華（因襲前人所爲，而加以增添補益。典出南朝梁蕭統《文選序》："蓋踵其事而增華，變其本而加厲；物既有之，文亦宜然。"），與無爲儉樸相反。實晚年亦不盡主質。蓋孔子自五十知命以後，已著四教以教人（見《禮記・王制》："樂正崇四術，立四教，順先王《詩》《書》《禮》《樂》以造士。春秋教以《禮》《樂》，冬夏教以《詩》《書》。"），諸書所錄皆作述以後之言，又多由没世後弟子所記，宗主孔子，無敢異同，縱語有參差，義無出

---

① 鐵江師，即錢保塘（1833—1897），字鐵江，號蘭伯，清末浙江海寧人。光緒初年，廖平肄業成都尊經書院時，錢氏曾任書院教習，"以注疏課士，蜀人乃知有經學"。其治《周官經》甚力，簡而得要。

② 陳子元，即陳崇哲，字子元。肄業於成都尊經書院。著有《儀禮士喪虞器服釋證》《禮表》《饋食儀節》等。

入，不能於聖言强分壯、晚也。

十三

舊以今禮少、古禮多，李岑秋中書①以爲失實，其説是也。蓋以《左傳》《儀禮》《周禮》皆爲古學，古學多；今學只一《王制》，則今少於古。今考定六藝與《左》《國》皆今學，并取《佚禮》原文歸入，則古不過劉歆所羼千餘字耳。且百家不折中於孔子者，書皆不傳；搢紳所言，皆爲孔義。傳記實無古名，何論多少？古學後興，浸淫《詩》《書》，故異禮古多於今。然非其實，當正之者也。

十四

舊表以今用質，古用文；今主救文弊，古主守時制。同邑董南宣（即董含章，字南宣［《四川尊經書院舉貢題名碑》作"南軒"］。肄業於成都尊經書院）以爲疑。今案：前誤也。孔子於周有所加隆（尊崇），非因陋就簡，惟求質樸。故《論語》以損益爲言，而《荀子》主尚文爲説。

從質義本三統，孔子既定一尊，又以三統通其變，皆指後

---

① 李岑秋中書，即李之實，字岑秋，四川新繁（今屬四川成都市新都區）人。早年肄業成都尊經書院，後官至内閣中書。其治公羊之學，詩文綺麗。

王法夏、法殷而言,非謂既往之夏、殷、周。又其所用之法,亦於經制中分立三品。如社之松、柏、栗(見《論語·八佾》:"哀公問社於宰我。宰我對曰:'夏后氏以松,殷人以柏,周人以栗。'"),如官職唐虞五十、夏一百、殷二百、周三百①(見《禮記·明堂位》:"有虞氏官五十,夏后氏官百,殷二百,周三百。"),既已三百之後,則難改爲一百也。

　　古書三代之説,有可循環者,有不能循環者,皆經説之三品,以爲後王之法者。蓋忠、質與文,②本從後相較品騭之語。在三代皆爲因時制宜,非夏、商有文乃抑而不用,至周故意改文也。文明日開,不能復守太素,非夏、殷舊制實可用,特爲三統而改,繼周不能用夏禮,亦不能用殷禮,踵事增華。夏末已異禹制,湯承而用之;商末已變殷制,周承而用之;周末又漸改,孔子承而用之,故有加文(猶前文"加隆")之事。

　　三統之説,惟服色可變,以新民志;至人事宜俗,不能相循。孔子定制,既改獉狉(zhēnpī,野獸出沒,草木叢雜,指文明未開的原始景象)余習,又補彬雅(彬彬儒雅)節目,文質合中,無復可易。《論語》云:"百世可知。"《中庸》云:"百世以俟聖人而不惑。"既臻美善,雖百世不改。若如舊説,則孔子用殷,繼乃用周,何

---

①　殷二百、周三百:兩"百"字原誤作"官",據《禮記·明堂位》及《辨僞叢刊》本改。

②　參董仲舒《賢良對策》言三王之教:"夏上忠,殷上敬,周上文。"(《漢書·董仲舒傳》)按:"上"通"尚","上敬者,尚質也"(簡朝亮《論語集注補正述疏》)。

以答顔子兼用四代,并屢有"從周"之言,今取周禮較多二代乎？大抵定制折中,一是可永行。三統主通變,亦五運（金、木、水、火、土五行的運行）、五德（五行之德）之説。上古文明未備,可以改易,後則不能改制以新耳目。惟旗幟服色,後世互用之則可;若典制相循,秦漢以來全無改易矣。

十五

《爾雅》舊不知歸隸何學;崇慶（今屬四川成都市）楊子純（即楊永清,字子純。肄業於成都尊經書院）以爲聲音訓詁①無分今、古,是也。蓋《爾雅》成於先秦,尚無古學名目,當歸今學爲是。雖與《王制》間有小異,是爲異義,不比《説文》成於古學已成之後。然《爾雅》雖爲今學,古學取用訓詁則無有不可。今、古之分,不在此也。

十六

《論語》舊以爲今、古皆有;仁壽（縣名,在今四川眉山市）蔣荌塘（事迹不詳,當係肄業於成都尊經書院的生員）以爲皆今學,其説是也。孔子撰六藝,此篇乃多論述作之旨,又爲弟子所記,皆傳

---

① 詁,原脱,據《辨僞叢刊》本補。

今學，不能謂爲古也。雖間有參差，然多同實異名。

十七

《兩戴記凡例》（全稱爲《分撰兩戴記章句凡例》，廖平撰，收入《四益館經學叢書·群經凡例》）以各篇分隸今、古，同邑楊静齋（即楊楨，字静齋。廖平早年就讀私塾時的同學，後同調尊經書院入學。著有《静齋文集》等）嘗疑之。今案：書出先秦，時無古學，篇章繁博，自非《王制》能盡，然當歸之異義；縱爲古學所宗，亦不能謂之爲古。

如《祭法》專主《國語》，《左》《國》皆爲今學。《曲禮》六大、五官、六府（見《曲禮》："天子之六府：曰司土、司木、司水、司草、司器、司貨，典司六職。"）、六工（見《今古學考》卷下第七十三則脚注）爲《周禮》舊目，《逸禮》《孝經》諸説既同隸於今，《武王踐阼》《五帝德》《帝繫姓》等篇皆爲《尚書》師説。喪禮、喪服、《詩》《禮》小學，原於六藝，即同《周禮》之《玉藻》《深衣》《盛德》（此三篇及下文之《朝事》本屬兩《戴記》，廖平又歸之於《周禮》一類。説見《今古學考》卷上《兩戴記今古分篇目表》），仍爲今學。他如《朝事》所言朝、覲、宗、遇與巡守年限，文與《周禮》相同，然鄭注《周禮》不引以爲據，是鄭所見《朝事》無此語可知。今本所有，不審盧注（北朝盧辯《大戴禮記注》）誤入經文，抑古文家所羼改也。外如陰陽五行，經學儒家無論矣。

總之，秦以前古學已成，則此類當歸附於古；其時既無古名，不過同氣之中各有門庭，一源之流其分兩派。若遂指爲異族，勢等讎仇，不惟前後失序，又且分合不明。今故以六藝定經學，不專主《王制》一篇，所有同異悉爲融化，於《戴記》削去古學一例。

十八

舊以爲今、古同重；李命三①以爲古不如今，其說是也。六藝皆孔子作，《禮》亦爲孔子所傳，本同一源，纖毫悉合。以今禮説六藝，首尾貫通，無待勉強。又秦漢皆今學，諸子博士莫非此派。義證詳多，今學所長也。

《古書》《毛詩》本以立異，意主釋經，今禮即由經文推出，欲樹別義，必背經文，古學受制於經之事也。明著之條，苦不能變，則於其細微枝節處變之，而輔以異例、異説，以求自別。然其改變，不過十中之二三②，所改既於經嫌強合，又與不變之條每相齟齬，此《古書》《毛詩》之所以不如今學也。

至於《周禮》，出於屢補，《王制》綱領貫串，節目詳明，實可舉行，而經傳、載記、子緯、史志，符合師説，不可勝計。長壽

---

① 李命三，即李滋然（1847—1921），字命三，號樹齋，四川長壽縣（今重慶市長壽區）人。肄業於成都尊經書院，光緒十五年進士。有《周禮古學考》《四書朱子集注古義箋》《群經綱紀考》《四庫全書書目表》等書行世。

② 二三，原誤作"三三"，據文意改。

李命三《王制輯説》(今未見此書)可考。《周禮》其爲《佚禮》原文者無足論,其專條不惟綱領不能尋求,且與本書亦相矛盾。即如封建、爵禄之類,全不能行,且諸書并無一明文確證。《周禮》本依托《王制》以行,若提出今學明條,更無以自立。

至於《詩》《書》經文,全同今學。古學乃以《周禮》推説《詩》《書》,自張門户,而經文與師説明説今欲變之,亦如《周禮》之變《王制》。故杜、賈、謝、衛諸家先録經文舊説,不能驟改,取可以通融之條簡略注之。至於馬傳(東漢馬融《尚書馬氏傳》《毛詩馬氏傳》),更加禮説;鄭君繼起,乃稍明備。然所加與經不符,勉強衍説,臆撰無徵。以《尚書》五服馬、鄭注考之,其義自見。今經專條,則避難不説,此其短也。今本《毛傳》略存訓詁,禮制缺略,此謝、衛開宗之本,杜子春説《周禮》與此略同。説者不識此意,以爲古學簡略。案:秦①傳記莫如《兩戴》,西漢之作則伏、董、韓、劉(伏生、董仲舒、韓嬰、劉向)莫不詳明,何嘗似此簡陋? 今欲解經,悉合古説,豈不大難?

至《孝經》《論語》,不過意取備對,與今學相配,彼時已未成家矣。

蓋是非本有一定,今學既爲正宗,而謂別派亦精確詳審,與之相比,固非情理所有。若能精思果力(果斷用力),再補義例,突過前賢,亦勢所能。若謂足敵今學,則恐終難,願與治

---

① 據文意,"秦"前當脱"先"字。

今、古者共勉之。

十九

舊以今學無異説,古多異説;周宇仁以爲今多古少,其説是也。今學弟子人多,數經不同,又歷年久遠,不能不有異義。曾子與子游褐襲異同(見《今古學考》卷下第五十二則脚注),儒家分爲五派(詳《今古學考》卷上《今古學統宗表》),此其驗也。古學本只《周禮》,乃多與《詩》《書》不同,何況今學?

舊説過拘《王制》,凡有異説,皆歸古學。今於哀、平以前不立古學名目,則凡異説統歸今派,不必拘定《王制》,以六藝爲斷,爲得其實也。

二十

舊説以《周禮》《毛詩》《左傳》《古書》爲一派相傳;新繁(今屬四川成都市新都區)楊静亭(即楊楨,字静亭[光緒《新繁縣志》作"敬亭"]。肄業於成都尊經書院,著有《晚秀堂詩集》)以爲《毛詩》在後,是也。《左傳》建國立官,多仍今義,而《周禮》則故與相反,此二書不同之證。古文以其傳於劉歆,遂自爲古,非也。《古書》《毛傳》則經無明文,徒取《周禮》古制之專條,推以説之;二書今學名條,反致不敢直用。蓋欲取以爲説,則適與今同,無以自成門户；凡所主張，皆古學專條。此述者之事，不能自由之苦衷也。其始雖欲立異，門户尚未分明；其後門户既改，從違不得不嚴，反於今學不敢襲用。此四書有明文無明文、用今學不用今學之分，所以古學之中又自有異同也。

二十一

舊以今、古學皆有經，富順（縣名，在今四川自貢市）王復東（即王萬震，字復東。肄業於成都尊經書院）疑其説。今案：前説誤也。經爲孔子所傳，凡經皆今學，即《孝經》《論語》《左傳》《國語》亦然，則固無古經矣。《周禮》本爲傳記，今蒙經名，然其原本今學，不過劉歆所改數條乃爲異耳，不得爲經。《書》《詩》與《易》，更無論矣。今定凡經皆爲今學，古學惟歆所屢改數條，即《官禮》亦爲今學。古之所以不如今，以其出於附會屢改也。

二十二

舊以古學漢初有傳授；劉介卿[①]以爲始於劉歆，其説是也。古學以《周禮》爲主，雖《左傳》早出，非古學。古學始《周

---

① 劉介卿，即劉子雄（1858—1889），字介卿，一字健卿，清末四川德陽人。肄業於成都尊經書院，官至内閣中書舍人。有《劉舍人遺集》傳世。

禮》,《漢書‧河間獻王傳》有得《周禮》之文,出於較(同"校")補。劉歆頌莽功德云"發得《周禮》,以明因監(繼承借鑒)"(《漢書‧王莽傳中》),可知《周禮》出於歆手,以爲新室(王莽新朝。見《漢書‧律曆志下》:"王莽居攝,盜襲帝位,竊號曰新室。")制作。其書晚出,故專條西漢無一引用,《移博士書》(劉歆《移讓太常博士書》,載《漢書‧劉歆傳》)亦不援以自助。

孔氏《書》(孔安國所傳《古文尚書》)有經無説,毛公本傳子夏,東漢以後之《古書》《毛傳》非西漢之舊,《費易》亦後來以配古學,實失其實,西漢無古學可知。雖叔孫通定禮有與《左傳》相同之處,然此乃今學,實非古學專書。古文家所指之張丞相(漢初丞相張蒼)、賈子、孔氏、太史公、毛公,皆實爲今學。得此考定,然後今、古之説乃明。

二十三

舊以今學於古學有因革,於孔子前已立古名,孔子損益,乃爲今學,則先古後今矣。不知古學至東漢乃成,雖《左傳》出於先秦,然其書兼傳六藝,據《王制》立説;由劉歆立古學,援《左傳》以爲助,與《禮記》無異。歆所詳《周禮》本於《佚禮》,是古全由今學生,非古在今前也。舊誤以周制爲古學,故致顛倒。實在周制本不可考,《左傳》全用六藝師説,雖間有爲古文家所點竄,然其大綱不能有異。凡異處,謂其生於今學可也。不得以古前今後,失先後之實。

二十四

舊以傳古學者亦有弟子,此說非也。弟子本不止一說,然皆傳孔學,自當同爲今派。《左傳》經說亦爲弟子,孔子教授多在著述以後,弟子亦無聞古學先歸之事。《周禮》《書》《詩》事從後起者,更不待論矣。

二十五

《詩》之魯、齊、韓三家,舊以魯爲純今學,齊、韓皆參用古學。案:其時尚無古學,何緣參之?蓋多互文見義耳。《公羊》之與《穀梁》,亦同此例。今以《穀梁》《魯詩》爲魯學,《公羊》《齊》《韓詩》爲齊學,不尊魯而薄齊,特以此示異同之例。齊學同祖孔子,特文義參差,後人不明此義,强爲分別耳。今以韓附於齊,只分二派,以鄉土說之。至於古學,當時未成,東漢以後亦非鄉土所拘,不入鄉土之例,示區別焉。

二十六

舊以孔子前子書歸入古學,華陽(舊縣名,在今四川成都市區東南)范玉賓①以爲非。今案：范説是也。子書多春秋以後處士托名，管、晏(春秋時期齊國著名政治家管仲、晏嬰)未必自撰，半由後儒掇 duó 拾。又子書多采古書，如《管子》之《弟子職》及《地員》等篇，非《管子》書，或集《管子》者之采入，抑或漢以來乃附入，其中實多今學專家之語。今當逐書細考，不能據人據時以爲斷。至於兵謀、縱橫等書，本不入派，爲其中有爲今、古學所同者，摘鈔備證可也。

二十七

舊用古説，以爲五經皆爲焚書，有佚；康長素非之。今案：康説是也。博士"以《尚書》爲備"(《漢書·劉歆傳》所附《移讓太常博士書》)，歆憤其語，遂以爲五經皆有佚缺，然後古文可貴。《易》有《連山》《歸藏》，②《書》有《百篇序》(後文認爲係劉歆仿張

---

① 范玉賓(1852—約1909)，即范溶，字玉賓。肄業於成都尊經書院，光緒二十年進士，選庶吉士。官至福建平和縣知縣。著有《辛齋詩文集》《辛齋詞》等。

② 見《周禮·春官·大卜》："掌三《易》之法，一曰《連山》，二曰《歸藏》，三曰《周易》。"廖平認爲，"《周禮》'三易'之説乃劉歆攻博士經之僞説"，"一經而筮法有三，非有三經也"。説見氏著《易經新義疏證凡例》《遊戲文》等。

霸《百兩篇》而作,并羼入《史記》),《詩》有賦、比、興、笙詩,①《春秋》有鄒、夾,(《漢書·藝文志》載有《鄒氏傳》《夾氏傳》,然"鄒氏無師,夾氏未有書"),《禮》有《佚禮》,托之壁墓,尊爲蝌蚪(蝌蚪文,即古文),群仍其誤,以爲經缺,千年不悟。近來諸儒講西漢之學,牟②、邵③諸家乃證經全之説,信而有徵。文詳各經凡例(見廖平《群經凡例》),足相發明。

二十八

舊以《春秋》爲孔作,《詩》《書》《易》《禮》則爲文王、爲國史、爲周公之遺,以四經與《春秋》不類。使孔但作《春秋》,則四經當爲舊制,必有異同。今一貫同原,知無新舊之異。六經垂教,不能參差;四代同文,必由一人手定可知。

---

① 賦、比、興,語出《周禮·春官·大師》:"教六詩:曰風,曰賦,曰比,曰興,曰雅,曰頌。"又見《詩大序》:"故《詩》有六義焉,一曰風,二曰賦,三曰比,四曰興,五曰雅,六曰頌。"據《毛詩正義》,《鄭志》言"比、賦、興,吳札觀《詩》已不歌","孔子録《詩》","難復摘别"。故廖平謂"賦、比、興"説爲偽撰。笙詩,《毛詩·小雅》有《南陔》《白華》《華黍》《由庚》《崇丘》《由儀》六篇,皆有目無辭,朱熹等人以爲古者鄉飲酒、燕禮皆用以配他詩,以笙奏之,一歌一吹,故稱"笙詩"。廖平謂笙詩"恐有分析篇章以湊其數者"(氏著《尊經日課題目》"甲午夏季"條),笙詩亦出於偽撰。

② 牟,指牟庭(1759—1832),初名廷相,字陌人,號默人,山東棲霞人。博通群經,兼明算術,尤好《今文尚書》之學。著有《同文尚書》《詩切》等。

③ 邵,指邵懿辰(1810—1861),浙江仁和(在今浙江杭州)人。官至刑部員外郎。治經以大義爲主,亦不廢考證之功。著有《尚書通義》《禮經通論》等。

歆《移書》(劉歆《移讓太常博士書》)猶以經歸孔子。以後報怨,援周公以與孔子爲敵,遂以《易》爲文王、周公作,《春秋》爲魯史,《儀禮》出於周公,《書》爲歷代史筆,《詩》國史所存,搯掇(xúnduó,拔取,侵奪)仲尼,致使潔身而去。東漢以後,雖曰治經,實則全祖歆說。

二十九

舊以史冊爲古學;華陽張盟孫(即張孝楷,字盟孫[又作盟蓀]。肄業於成都尊經書院)以爲不然,是也。古學托始《左傳》,其書實以今禮爲本,非據史冊爲說。其據史冊爲說者皆異例,非異禮也,須辨之。既不能加古名,安能指史冊與《左傳》同類?謂古學家祖之,則可;遂以史冊爲古學,不可也。凡屬史冊,今不以歸二派,舊例今、古同者亦附焉。

三十

舊專據《王制》以爲今學,凡節目小異者遂歸入古學;胡敬亭以爲文異義同,其說是也。

蓋當時拘泥《王制》《穀梁》魯學爲今學專門,凡文不見二書者,不敢據爲己有。又以《左傳》爲古學,其文與魯學小異者,皆以爲古學。《周禮》《國語》多同孔語,故以爲孔子實傳古學。劉歆以前，如張蒼、賈誼、毛公皆傳古學，代有授受。

及細考之，乃知《左》《國》全爲今學，其書早行，未經劉歆羼亂。《周禮》亦惟專條乃爲劉語，其與《戴記》①同者皆爲今學。實古學之所以立者，全在今《周禮》羼改數條，歆以前實無此等議論。今學廣大，不能僅據《王制》明文，有言有不言，要之皆其所統。由此觀之，則西漢以上無不爲今學者。《周禮》古文之學，實至東漢中葉乃盛行。所指師傳，皆出僞托。

如《祭法》廟制、祭儀與《國語》同，而《荀子》亦有此說。《祭法》有祧、有明堂，《王制》無之；孔子之言祧、言明堂者不一而足，此不能盡屏爲異說也。蓋事理繁博，諸經每詳一端；細節門目，必須參合，乃能全備。大綱之封國、職官、選舉、學校，群書皆同，而細節文多互見。即以廟制言，大綱之七廟，祀天神、人鬼莫不同，而祭期則小異。

《詩》與《王制》詳四時，《祭法》有日、月、歲、終，《孝經》只春、秋二祭，《公羊》則言禘、祫，說各相歧，必合通乃爲全義。言大綱者則參互（互相參雜）者②傳記之細節。《王制》雖大綱略備，然事禮非一書能詳，其大綱同而節目不無小異。治《孝經》《國語》者亦然。

又漢去春秋久，《王制》爲先師之本，《公羊傳》嚴、顏（西漢經學家嚴彭祖、顏安樂）二本猶自不同。考《白虎通》引有《王度

---

① 戴記，原誤作"載記"，據《辨僞叢刊》本改。
② 據文意，"者"字疑衍。

記》，《王度》當爲《王制》副篇。《王度》有記，則《王制》有記可知。舉一家之本，以盡括今學，勢所不能。今欲舉《王制》括羣經，則以大綱爲主。如以《王制》説《公羊》，傳文不同者，則以尊卑異儀，差互見義，略舉示例。文異義同諸例之至羣經亦同，然後《王制》廣大，足以包括羣經，不致小有異同，輒屏爲異説。如《禮記》孔子禮説與《王制》多異，固有依托；然其説多與六藝合，則不能不以爲孔子説。必有此例，然後《王制》足以包之。如《曾子問》《檀弓》所言禮制，多與《王制》不同之類。

然此爲專治《王制》言之。若各舉一經以合《王制》，宜專明本經，不關異説；若再牽涉，徒滋煩擾。師説參差，莫如《戴記》。今即以治《戴記》之法治《王制》，參觀以求，思過半矣。

三十一

治經須有次第，亦有年限，今略定爲此説，以待治經者之采擇焉。

《王制》以後世史書推之，其言爵禄，則《職官志》也；其言封建九州、五服，則《地理志》也；其言興學、選舉，則《選舉志》也；其言巡狩、吉凶諸事，則《禮樂志》也；其言國用、財賦，則《食貨志》也；其言司馬所掌，則《兵志》也；其言司寇所掌，則《刑法志》也；其言四夷，則外夷諸傳也。大約宏綱巨領，皆具於此，宜爲一王大法。今立此綱，凡治經者，先須從此入手。

此書已通，然後治《詩》。

《詩》之東西通畿①、大伯(一匡天下之諸侯。廖平謂《春秋》以齊桓公或齊國爲大伯，《尚書》以周公爲大伯)、二卿、四岳(四方諸侯之長)、兩卒正，②此陳九州風俗以待治也。《尚書》之周公篇與末四岳橫説者與此同。③《大雅》王事應三《頌》，《小雅》應《國風》，移風易俗，所謂平治之具也。此一代一王之法。三《頌》者，通其書於三統也，如《尚書》之四代。治《詩》之後，然後可以治《尚書》。

《尚書》專明三統，《帝典》④規模全與《王制》相合，儼然一代之制。以下二十七篇則《帝典》細節。三代之文甚略，以《帝典》推之，列序三代，即《詩》三統之意。《書》中又分禮制、行事二門。禮制專言制度，如《立政》言選舉、官人之法，《禹貢》言九州、五服之制，《吕刑》言司寇之事，《禹誓》⑤《費

---

① 東西通畿，指東西兩京之王畿封域相通，共方千里。見《逸周書・作雒解》："乃作大邑成周于土中。……制郊甸方六百里，國西土爲方千里。"《漢書・地理志》："初，雒邑與宗周通封畿，東西長而南北短，短長相覆爲千里。"

② 按：廖平將《詩經》諸篇比作相關官長等，從中取義，詳氏著《群經凡例・今文詩古義疏證凡例》《經話甲編》卷一。

③ 廖平以"二帝、三王、周公、四岳爲綱"，將《今文尚書》二十八篇重新分爲四類，其中詳於周公事迹的十二篇爲"周公篇"，詳於二伯四岳之制的末四篇爲"四岳篇"或"二伯篇"。説見氏著《群經凡例・今文尚書要義凡例》。

④ 《帝典》，今通行本《尚書・堯典》《舜典》的合稱。後文第五十九則云："本堯舜并説，合爲一篇，名曰《帝典》。《大學》《子華子》《孔叢子》所稱《堯典》，其本名也。"

⑤ 《禹誓》，即《尚書・甘誓》。廖平撰、黃鎔筆述《書尚書弘道編》云："《甘誓》，《墨子》稱《禹誓》，與下《湯誓》對文。《莊子》《説苑》以爲禹征有扈，《吕覽・召類》篇同……。古文《書序》以爲啓作《甘誓》，誤。"

誓》言司馬出征之事,《文侯之命》言加命之事,《顧命》言繼位之禮,《洪範》言陰陽五行之事,爲全書大例。此數篇以制度爲主,朝庭典制,故文從字順。《商盤》(《尚書·殷書·盤庚》)《周誥》(《尚書·周書》中的《大誥》《康誥》《酒誥》《召誥》《洛誥》諸篇)則多述時事,告下之文,故不易讀。言時事者近於《國風》,言制度者近於《雅》《頌》。《詩》《書》已明,然後習《禮》《樂》。

《儀禮》者,《王制》司徒所掌六禮之節文,異說甚少,全爲儀注之事,治之甚易。《樂》者,《王制》大 tài 樂正所掌之實事,言止一端,易於循求。《禮》《樂》已明,然後治《官禮》。據《周禮》刪去僞羼之條,易今名以別之。

《官禮》者,即《佚禮》原文,立官與①《王制》冢宰、三公相同,《曲禮》六大、五官、六府、六工即其舊目。《王制》於諸官舉其大綱,此爲專書加詳,二書重規疊矩。《王制》已明,此書迎刃而解,然後可治《春秋》。

《春秋》者,舉《王制》之意衍爲行事,制度綱目全同《王制》。《王制》如宮室圖樣,《春秋》則營造已成者。群經已明,《春秋》易治,然後治《戴記》《左》《國》。

《戴記》者,群經傳記。《王制》爲大宗,又分類附各經,則說已大明,不嫌繁難矣。《左》《國》雖主《春秋》,群經傳說、經說皆見於本經,更以類相從,事最易舉。

---

① 與,原誤作"爲",據《辨僞叢刊》本改。

统计以三年学《王制》,《诗》《书》《礼》《乐》《官礼》《春秋》《礼记》《左》《国》,一年治一经,十二年而群经皆通。"古之学者耕且养,三年通一经"(语出《汉书·艺文志》,原文与此略异);今之学者终身不能一经,皆由失此秘籥(通"钥")故也。

三十二

六经相通之事,如《春秋》亲迎,《诗》《礼》莫不同;《春秋》三年丧,《诗》《书》《礼》皆同;《春秋》讥世卿,开选举,《诗》《书》《礼》皆同;《春秋》九州、二伯、方伯,《诗》《书》《礼》莫不相同;《春秋》讥再娶娣姪,《诗》《礼》皆有明文。约举数端,余可类推。

三公九卿,群经皆同,惟伪《周礼》独异耳。又九州、五服,群经皆同,亦惟伪《周礼》独异,并无时代乡土之异。

又即《尚书》而论,《禹贡》与《典》《谟》(旧称《尧典》《皋陶谟》,廖平认为本名《帝典》《帝谟》)同,《吕刑》与《帝典》同。《尚书》四代礼制实无沿革,使非孔制,四代当有异同,即一经中不自矛盾乎?伏君《大传》又何为据《王制》以遍说四代乎?

维六经合为一书,故此经所详,彼经所略。如明堂、辟雍①,

---

① 辟雍,本为周天子所设太学。后通常为行乡饮、大射或祭祀之礼的地方。班固《白虎通·辟雍·辟雍泮宫》:"天子立辟雍何?辟雍所以行礼乐,宣德化也。辟者,璧也,象璧圆,以法天也。雍者,雍之以水,象教化流行也。"辟,音 bì。

大典禮也，《詩》言之而《春秋》《書》《禮》可從略。制爵班禄，《春秋》詳之，而《詩》《書》《禮》不詳言。相濟相成，乃能全備。後人專學一經，便有所窮。故博士議禮，本經所無，則從闕略。經學須博通，乃備一王之制也。漢人博士據《王制》以遍說群經，使非相通，萬不能一律相合。觀十四博士同一制度，則經學之相通無疑矣。

三十三

自春秋至哀、平之際，其間諸賢諸子、經師博士，尊經法古，道一風同，皆今學也。雖其仁知異見，鄉土殊派，然譚（通"談"）六藝必主孔子，論制度必守《王制》，無有不同。

劉歆報復博士，創爲邪説，顛倒五經。改《周禮》而《王制》殷（爲殷禮。詳後文所附《周禮删劉·叙例》第三則），言鄒、夾而三《傳》（《公羊傳》《穀梁傳》《左傳》）闕，有《毛詩》而三家（《詩》魯、齊、韓三家）絶，有馬、鄭而今文佚，經學真傳由歆一人而斬，所存二傳、二禮①，又皆亂於歆説，東漢以來，皆受其欺，甚且助虐。故自西漢以後，六經分裂，不能相通，經禮糾紛，徒滋聚訟。今欲證千餘年謬誤，不能不首重巨魁，臚其罪狀，與天下後世共證之也。

---

① 二傳、二禮，疑當作"《左傳》《周禮》"。按，《續修四庫全書總目提要（稿本）·古學考》（齊魯書社1996年影印本）引文改作"《左傳》《周禮》"。

三十四

王子雍與鄭君爭，不勝，造偽書以自助；劉歆與博士爭，不勝，改變古書以自助，其智同也。初則博士假朝廷之權以遏抑歆，後則歆假王莽之勢摧擊博士。歆掌儒林，既負權勢，得以自由，又淹博有作偽之才，遂足以翳（yì，掩蔽）蔽孔子，顛倒五經。自有劉歆，經學遂駁雜不純，掩蔽聖心，使後來治經者，無一人能窺見尼山（山東曲阜有尼丘山，相傳孔子父叔梁紇、母顏氏禱於此而生孔子。故孔子名丘，字仲尼。後以尼山代指孔子）微意。今刪汰古學四經（《周禮》《左氏》《古書》《毛詩》），然後六經同源，微言可顯。

三十五

劉歆官司儒林，職掌秘笈。方其改屭《佚禮》以爲《周禮》，并因博士"以《尚書》爲備"一語，遂詆六經皆非全書。弟子恐其無本，則私改史書、緯書以自助。如《七略》（我國最早的圖書目錄分類著作，劉歆撰。原書已佚，其概略載於《漢書·藝文志》）之有《周禮》《左氏》《古書》《毛詩訓詁傳》①，此劉歆所改。他如《劉歆傳》《河間獻王傳》《後漢書·儒林傳》之"毛詩""周禮"

---

① 《毛詩訓詁傳》，《漢書·藝文志》引作《毛詩故訓傳》。

等字,則爲後來校史者所補。

又范《書》(范曄《後漢書》)以《毛詩傳序》爲衛、謝(東漢經學家衛宏、謝曼卿)作,是晉宋間猶不以《毛詩傳序》爲西漢以前之書。今《鄭箋》《鄭志》①別有以《傳序》爲子夏、毛公作之文,此爲後人記識刊本,誤以入《箋》。《孔疏》所引《古書》與古文同者,多爲後人僞造,劉炫②好作僞説,當出其手。與六朝人造《左傳》淵源同。此等皆僞説,史、緯別有真條。

今人治經,先看陸氏(隋唐時期經學家、訓詁學家陸德明)《釋文·序録》《隋書·經籍》(《隋書·經籍志》),宜其不得途徑。今先考明其真者,然後僞説可祛;必先洗滌僞説,然後可以治經。説詳《古學各經淵源證誤考》與《釋文證誤》《隋書經籍志證誤》(三者皆當爲廖平所撰,今未見)中,《新學僞經考》(康有爲撰,刊於光緒十七年[1891])甚詳。

三十六

劉歆顛倒五經,至今爲烈,真爲聖門卓、操(東漢末年權臣董卓、曹操),庠序天魔。蓋其才力既富③,又假借莽勢,同惡相濟,

---

① 《鄭志》,三國魏經學家鄭小同編。記其祖鄭玄與弟子問答五經之語,共八篇。原書久佚,有清代王復、袁鈞等多種輯佚本。

② 劉炫,字光伯,隋河間景城縣(治今河北獻縣東北)人。曾任殿內將軍、太學博士等職,與修國史、《五禮》、律令諸書。崇信《僞古文尚書孔傳》《古文孝經孔傳》,並僞造《連山易》《魯史記》等百餘卷。

③ 富,原誤作"當",據《辨僞叢刊》本改。

故黨羽衆多,流害深廣,不惟翻經作傳、改竄《佚禮》而已。至於史書緯候,亦多所改竄;後來流説,愈遠愈誤,至於不可究詰。今一旦起而正之,或者猶執流俗之經説、屢改之史文以相難。此"非好學深思,心知其意,固難爲淺見寡聞者道也"(《史記·五帝本紀》)。

三十七

天下之事,是非不能兩立,而劉歆僞説乃與孔子六經并立千餘年,人不能止其非。雖攻《周禮》者代不乏人,然由於今學未深,不能心知乎真,何能力辨乎僞?故前人所指《周禮》之僞,半多真古書,於其僞者反不敢議,故遺誤至今。

誠於今學多一分功夫,則古學多露一分破綻。今學大明,則古學不攻自破。惟流誤已久,若不闢之,恐不明白;然必於今學實有心得,方知其實。若但知其誤,而不能心悟乎真,亦無益也。

三十八

六經傳於孔子,實與周公無干。哀、平以前,博士全祖孔子,不祖周公。劉歆《移書》亦全歸孔子。後來欲攻博士,故牽引周公以敵孔子,古文家説以經皆出周公是也。後人習聞其説，遂以周公、孔子同祀學宫，一爲先聖，一爲先師，此其誤也。

古學以《詩》《書》《春秋》爲國史，《周禮》《儀禮》爲周公手訂，《易》爻辭、《爾雅》爲周公作，五經全歸周公，不過傳於孔子，與劉歆《移書》相反，與作六經、"賢於堯舜"（見《孟子·公孫丑上》："宰我曰：'以予觀於夫子，賢於堯舜遠矣。'"）之文不合，此當急正者也。崔氏（清中葉學者崔述）《考信録》已駁周公著作諸説。

三十九

博士"以《尚書》爲備"，本出微言。詳見《尚書二十八篇叙例》（載廖平《羣經凡例》）。劉歆憤激其語，極力攻之，遂以五經皆爲不全：《連山》《歸藏》之説出而《易》不全，六藝之名立而《詩》不全，鄒、夾之書録而《春秋》不全，鄒、夾無師無書，何以爲學？又何以自立？此出歆僞説，欲以攻三《傳》不能盡《春秋》耳。《周禮》出而《禮》不全。於五經之外臆撰經名，於博士經學之外別出師法，後人遂疑孔子之經不全，博士之本未足，經學雜而不純，博士缺而不備。引周公以攻孔子，造僞説以攻博士，皆歆一人之罪。公孫禄（字中子，西漢末潁川［郡治今河南禹州市］人。官至左將軍）劾其顛倒五經（事見《漢書·王莽傳下》），此之謂也。今學《詩》《書》皆無序，《百篇書序》出於杜、賈，毛注則衛宏仿而爲之。舊以今學《詩》《書》皆有序者，非也。

四十

　　舊以古學劉歆以前有傳授，與今學同；德陽劉介卿以爲西漢無傳授，其說是①也。

　　真成、康（西周成王、康王。其時處於西周盛世，史稱"成康之治"）之政，至東遷時已多改異，自孔子作六藝，儒者所傳皆孔子說。真周制雖間有存者，學者皆以爲變古流失。今《四代古制佚存》中所錄是也。《左》《國》《戴記》諸子所言，均以孔子爲主。

　　劉歆與今學爲難，始改《逸禮》以爲《周禮》，劉歆以前，實無古學派也。秦漢以前，所說禮制有與《王制》小異者，此三統異說之文，實非今學外早有古學專門名家，自成一派。劉歆取《佚禮》官職篇刪補羼改，以成《周禮》。劉氏弟子乃推其書以說《詩》《書》《孝經》《論語》，此皆東漢事。馬融以後，古乃成家，始與今學相敵。許、鄭方有今、古之名。今學以六藝爲宗，古學以《周禮》爲首；今學傳於游、夏（孔子弟子子游、子夏），古學張於劉歆；今學傳於周、秦，古學立於東漢。此今、古正變先後之分，非秦漢以來已兩派兼行也。

　　古學皆出東漢，故《後漢書·儒林傳》所言《周禮》《左傳》《毛詩》《古書》訓故傳注皆東漢人，無西漢以前師法書籍。

---

① 是，原文脫，據《辨僞叢刊》本補。

《周禮》《左傳》《古書》其說不誤,惟《毛詩》傳、序流誤,以爲西漢毛公作,或又以爲先秦以前之人。以三事(《周禮》《左傳》《古書》三書)比之,其例自見。《毛傳》與杜林①《周禮》訓相同,但明訓詁而已,非西漢以前之師說也。

四十一

古學始於劉氏,當移書博士時,所尊三事,皆爲今學,不過求立《左氏春秋》、佚《書》《禮》耳。惜博士膠固,擯不與同。及後得志,乃挾《佚禮》改《周禮》,今學諸經悉受其禍,至今未艾(停止)。"人而不仁,疾之已甚,亂也。"(《論語·泰伯》)今欲見古學晚出,證之《移書》自明。史稱《移書》引事直,則無不盡之言,後來古學家屢托之說,皆與此事不合。今特注之,以見《周禮》《毛詩》《古書②》之出於後起。

是故孔子憂道不行,歷國應聘,自衛反魯,然後樂正,此以樂爲孔所訂,與古文家以爲周公作者不同。《雅》《頌》各得其所。此以《詩》爲孔子作,與以爲國史舊文者不同。修《易》修《易》③》

---

① 杜林,疑爲"杜子春"之誤。檢史籍文獻,未見杜林有《周禮》注本,而東漢初年劉歆弟子杜子春則有訓詁類著作《周禮解詁》(又稱《周禮杜氏注》)。
② 古書,原誤作"古事",據《辨僞叢刊》本改。
③ 易,原脫,據《辨僞叢刊》本改。

與修《春秋》同，以《易》爲本《坤乾》而加筆削，①與後以爲周文王作、孔子贊《十翼》②不同。序《書》，與《詩》同。制作《春秋》，以記帝王之道。蓋此以爲孔子制作《春秋》，成王道，與博士、緯、杜氏（杜預）説同。《左傳》則以爲魯史舊文、周禮舊例。歆此時本同博士之學，後來攻博士，全與此説反。及夫子没而微言絶，七十子終而大義乖。微言即今學家所傳文王、素王作六藝改制之説也。不能明言，謂之微言。

至孝文皇帝，始使掌故（官名。漢置，太常屬官，掌管禮樂制度等故事）鼂錯從伏生受《尚書》。《尚書》初出於屋壁，朽折散絶，今其書見在，時師傳讀③而已。《詩》始萌芽。天下衆書往往頗出，皆諸子傳説，猶廣立於學官，爲置博士。在漢朝之儒，惟賈生（賈誼）而已。據《漢書·儒林傳》，以張蒼、賈生爲傳《左傳》，今不言，足見其僞托。

至孝武皇帝，然後鄒、魯、梁、趙頗有《詩》《禮》④《春秋》先師，皆起於建元（漢武帝年號，公元前140－公元前135年）

---

① 見《禮記·禮運》："孔子曰：'我欲觀夏道，是故之杞，而不足徵也，吾得《夏時》焉；我欲觀殷之道，是故之宋，而不足徵也，吾得《坤乾》焉。《坤乾》之義，《夏時》之等，吾以是觀。'"鄭玄注《坤乾》曰："得殷陰陽之書也，其書存者有《歸藏》。"

② 十翼，又稱《易大傳》。指《易》的《彖傳》上下、《象傳》上下、《繫辭傳》上下、《文言》《説卦》《序卦》《雜卦》，共十篇。

③ 時師傳讀，原誤作"時詩讀傳"，據《漢書·劉歆傳》改。

④ 禮，原誤作"書"，據《漢書·劉歆傳》改。

之間。據此則謂張丞相、尹咸、翟方進等傳《左傳》以相授受者，①誤矣。當此之時，一人不能盡其經，或爲《雅》，或爲《頌》，相合而成。《泰誓》後得，博士集而讀之。《泰誓》非博士舊傳，伏生只傳二十八篇。二十九篇之説，合《泰誓》數之也。《泰誓》蓋即十六篇（《古文尚書》所增篇數）、《中候》②之一，非真《尚書》文也。故詔書稱曰："禮樂壞崩，書缺簡脱，朕甚閔（同"憫"）焉。"時漢興已③七八十年，離於全經，固已遠矣。

及魯恭王壞孔子舊宅，欲以爲宫，而得古文於壞壁之中，《逸禮》有三十九，《佚禮》即今《周禮》，乃傳非經。《書》十六篇。史公所録三代事不見《尚書》者即此，乃傳非經。據此，則孔壁所得惟《逸禮》《佚書》二種而已。此二書爲今學，博士所傳，得孔壁乃全本，博士本不全耳。是當别無河間獻王得《周禮》《毛詩》之説，而《左傳》亦不出於孔壁，如王充所云也（王充謂《左傳》出孔壁，詳《論衡》之《佚文篇》《案書篇》）。天漢（漢武帝年號，公元前 109－公元前 97 年）之後，孔安國獻之，遭巫蠱倉卒之難，未及施行。及《春秋》左氏丘明所修，皆古文經，古字。舊説④，即解經釋例之文，《五

---

① 見《漢書·劉歆傳》："及歆校秘書，見古文《春秋左氏傳》，歆大好之。時丞相史尹咸以能治《左氏》，與歆共校經傳。歆略從咸及丞相翟方進受，質問大義。"
② 《中候》，讖緯書名。司馬貞《史記索隱》引《尚書緯》云："孔子求得黄帝玄孫帝魁之書，迄秦穆公，凡三千三百三十篇，乃删以一百篇爲《尚書》，十八篇爲中候。"（孔穎達《尚書正義》所引略同）《隋書·經籍志》載有鄭玄注《尚書中候》五卷，已佚。
③ 已，原誤作"以"，據《漢書·劉歆傳》改。
④ 説，《漢書·劉歆傳》作"書"。

行志》引"説曰"是也。多者二十餘通,指説、微而言。藏於秘府,伏而未發。多二十餘通者,謂較通行《國語》多二十餘篇也。

　　孝成皇帝閔學殘文缺,稍離其真,乃陳發秘藏,校理舊文,得此三事,無《毛詩》。以考學官所傳,或脱簡,或間(間雜)編。謂以中(宮禁之内)古文本校博士本有脱誤也。傳問民間,則有魯國桓公、趙國貫公、膠東庸生之遺學①與此同,"得此三事",則校書時秘府書與博士所傳不同者,三種而已。校書作《七略》,今《班志》乃有《周禮》《毛詩》,與《左傳》同學(同爲古學)。何以劉氏不引二書爲據,乃引今學之遺? 抑(受到抑制)而未施。此乃有識者之惜閔,士君子所嗟痛也。

　　往者綴學之士,不思廢絶之闕,苟因陋就寡,分文析字,煩言碎辭,學者罷(通"疲",衰弱)老且不能究其一藝。信口説而背傳記,是末師而非往古,據桓、貫、庸三家皆傳《書》《禮》之學者,是《左傳》并無師也。劉氏舍朝廷執政本師,不引以爲據,而遠及異學民間之儒生乎?且云遺學與之同,不免附會,何以不引翟方進等爲説哉? 至於國家將有大事,若立辟雍、封禪、巡狩之儀,則幽冥而莫知其源。猶欲保殘守缺,挾②恐見破之私意,而無從善服義之公心,或懷妬嫉,不考情實,雷同相從,隨聲是非,抑此三學,以《尚書》爲備,謂《左氏》爲不傳《春秋》,豈不哀哉!此攻謀(qī,詆毀)《公》《穀》二家,專爲《左

---

① 學,原脱。下文亦云"遺學與之同"。據《漢書·劉歆傳》補。
② 挾,原脱,據《漢書·劉歆傳》補。

氏》而言。

且以數家之事，皆先帝所親論，今上所考視，其古文舊書，皆有徵驗，内外相應，豈苟而已哉！

四十二

據以上所言，特欲於經學外立《左傳》古文耳。但云"古文舊書皆有徵驗，内外相應"，此兼《禮》《書》言之也。《漢書》以《周禮》《毛詩》并傳於河間，藏有秘府，《左傳》皆有師傳授受，《後漢·儒林傳》以建武立《毛詩》博士，皆六朝以後僞説行世，校史者據誤説所屢改。如《後漢書·儒林傳》十四博士之有《毛詩》，是其明證。① 今據此書爲證，僞説自破。故以古學成於東漢，以《周禮》爲劉氏所删補，《古文尚書》《毛傳》爲賈逵、謝曼卿始創之説，非西漢之書也。

---

① 參孫嘉淦等《武英殿本二十三史考證·後漢書考證》："《儒林傳》：'《詩》齊、魯、韓、毛。'何焯曰：'衍一"毛"字。此時《毛詩》未得立也，且如此乃十五，非十四矣。參以《百官志》博士果十四人，《詩》三，齊、魯、韓氏。應劭《漢官儀》并同。'"

四十三

　　初用劉申受①説,以《左氏傳》劉例,即本傳所謂章句出於劉歆。② 細考《五行志》引"説曰"(《今古學考》卷下第八十一則云:"此[指《左傳》説]亦秦漢先師説之偶存者")在劉歆前,史采歆説,可云詳矣,今傳(當指《國語》,廖平《知聖篇》認爲"《國語》爲六經作傳")中無其一語。又歆説例多同二《傳》,今傳説今説③多與二《傳》不同,又簡略不全。使歆爲之,當不如此。且杜氏(杜預)所引劉説,多與本傳不合,知不然矣。《史記》引解説已十數條,則經説不由歆出,更不待言。説詳《左氏凡例》④中。

　　考劉歆文集,初年全用博士説,晚乃立異。欲知其年限,因考《王莽傳》,乃知《周禮》之出,在王莽居攝(臣下暫時攝行天

---

① 劉申受,即劉逢禄(1776—1829),字申受,亦字申甫,號思誤居士,清江蘇武進人。精於公羊學,專主董仲舒、李育、何休之説,著有《公羊何氏釋例》《公羊何氏解詁箋》等。又著《左氏春秋考證》一書,意在説明:《左傳》本名《左氏春秋》,係記事之書;其解經者,皆劉歆所竄入。另著有《論語述何》《劉禮部集》等。
② 見《漢書·劉歆傳》:"初《左氏傳》多古字古言,學者傳訓故而已,及歆治《左氏》,引傳文以解經,轉相發明,由是章句義理備焉。"
③ 據文意,"今説"疑衍。《辨僞叢刊》本無此二字。
④ 《左氏凡例》,廖平所撰著述。收入《四益館經學叢書》後,共四種,分別是《左傳古義凡例》《春秋古經左氏説漢義補證凡例》《春秋左氏傳漢義補證簡明凡例》《左氏春秋學外編凡例》(其中後三種載《群經凡例》)。此處所説《左氏凡例》當指後三種。

子職權，謂之居攝。按：元始五年［公元元年］底，漢平帝崩，王莽效周公代天子理政，實爲篡位）以後。《王莽傳上》言《周禮》者只二事，在居攝後；中、下以後則用《周禮》者十之七。可見《周禮》全爲王莽"因監"而作，居攝以前無之。歆當時意在亂博士禮，報怨悦主，不料後世其説大行，比之於經，并改諸經而從之也。如天子十二女，博士説也；①百二十女，《周禮》説也。②《莽傳上》用十二女説，莽納女事（時王莽"以女配帝爲皇后"，有十一媵，是爲天子一娶十二女）。《傳下》用《周禮》説。莽自娶一百二十人。使《周禮》早出，抑（抑或、或者）劉歆早改《周禮》，則當時必本之爲説，何以全無引用？是"發得《周禮》，以明因監"，是時《周禮》始出，中多迎合莽意而作。

今定《左傳》出於《史》（《史記》）前，《周禮》出於居攝以後。《周禮》未出，《左傳》亦爲今學；《周禮》出，乃將《左傳》亦牽率入古學也。劉歆初本今學，後爲古學，考言之甚詳。

四十四

劉歆作《周禮》，以爲新室法。竊取《公羊》爲漢制作之語，而《莽傳》不盡用其制。如《周禮》已出之後，猶用以三輔

---

① 見《白虎通義·嫁娶》："或曰：天子娶十二女，法天有十二月，萬物必生也。"徐彦《公羊疏》以爲天子十二女説出《春秋緯·保乾圖》。

② 參《周禮注疏》引鄭衆《周禮解詁》："王之妃百二十人：后一人，夫人三人，嬪九人，世婦二十七人，女御八十一人。"

一百二十官之説。① 蓋當時今學甚明，不能遂掩，至於引《周禮》，亦寥寥數條。

古學之興，始於鄭康成，盛於六朝。史志遂以《周禮》爲主，今文附見志中矣。故《莽傳》皆今、古并用，非全用《周禮》。當作《莽傳參用王制、周禮表》（今未見此表）以明之。

四十五

舊作《周禮删劉》，將諸侯五等封地一條删出。考《史記》於魯、衛皆云四百里，②《明堂位》七百里亦字之誤（見《禮記·明堂位》："封周公於曲阜，地方七百里，革車千乘。"）③；方三百一十六里出千乘，④四百里舉成數也。是方伯食四百里有明文可證。繼知此條實《佚禮》原文，特劉氏有所損益。方伯閒田（閒無定主、可供調劑之田。典見

---

① 三輔一百二十官之説，見《禮記·王制》："天子三公、九卿、二十七大夫、八十一元士。"合計外官一百二十人。王莽改制，亦用此説，見《漢書·王莽傳中》："置大司馬司允，大司徒司直，大司空司若，位皆孤卿。更名大司農曰羲和，後更爲納言，大理曰作士，太常曰秩宗，大鴻臚曰典樂，少府曰共工，水衡都尉曰予虞，與三公司卿凡九卿，分屬三公。每一卿置大夫三人，一大夫置元士三人，凡二十七大夫，八十一元士，分主中都官諸職。"

② 見《史記·漢興以來諸侯王年表》："周封五等：公、侯、伯、子、男。然封伯禽、康叔於魯、衛，地各四百里，親親之義，襃有德也；太公於齊，兼五侯地，尊勤勞也。"

③ "誤"後原衍"字"，據《辨僞叢刊》本删。

④ 馬融據《司馬法》云："千乘之賦，居地方三百一十六里有畸。"（何晏《論語集解》引）廖平《經話甲編》云："方千里者十，開方得三百一十六里，《管子》與《刑法志》所言是也。"

《禮記·王制》)三百一十六里,此定説。二伯當加,故云五百里。以此推之,三爲卒正,二爲連帥,百里爲屬長。① 《王制》三等②指本封,此五等指五長(公、侯、伯、子、男,或二伯、方伯、卒正、連帥、屬長)閒田乃明。互文相起制度,劉損益其文以爲實地,則失其旨。今將此條改還今學,則群經皆通,千載疑案渙然冰釋矣。

四十六

《周禮》不出於王莽居攝以前,於《莽傳》又得一確證。《莽傳上》:"實考周爵五等,地四等,有明文(顏師古注引蘇林:"爵五等:公、侯、伯、子、男也。地四等:公一等,侯、伯二等,子、男三等,附庸四等。");殷爵三等,有其説,無其文。"(顏師古注:"公一等,侯二等,伯、子、男三等。"另參《白虎通義·爵》引《禮緯·含文嘉》:"殷爵三等,周爵五等。")《周禮》明以爲地五等,與緯書合,無附庸。今以爲四等,合附庸而數,是未見《周禮》五等封明文也。又帝娶十二女,與後用《周禮》百二十女之説不合。使《周禮》果出於前,劉歆校書時已得見之,則居攝以前亦當引用,不致前後兩歧也。説詳《周禮删劉》中。

---

① 卒正、連帥、屬長,均爲古時諸侯之長。見《禮記·王制》:"千里之外設方伯。五國以爲屬,屬有長;十國以爲連,連有帥;三十國以爲卒,卒有正;二百一十國以爲州,州有伯。八州,八伯,五十六正,百六十八帥,三百三十六長。"又據文意,"爲卒正""爲連帥"前當脱"百里"二字。

② 《禮記·王制》言五爵封地三等:"天子之田方千里,公、侯田方百里,伯七十里,子、男五十里。不能五十里者,不合於天子,附於諸侯曰附庸。"

四十七

歆改《周禮》,今爲删出明條,不過千餘字,又雜有原文,然則合其零星所改,不過千字耳。歆固爲攻博士,尤在迎合莽意。莽居攝以前,全用今説;意欲變古以新耳目,且自托於新王,歆乃改《周禮》以迎合之,大約多莽私意所欲爲者。如引《周禮》爲功顯君服緦,①爲莽娶百二十女。漢疆輿(猶疆域)大,改爲九服萬里②之説。諸如此類,此歆逢迎莽意而爲之者也。

四十八

古學以《周禮》爲主。《漢書·河間獻王傳》有得《周禮》之文,出於後人校史者據誤説羼補。劉歆等頌莽功德云:"發得《周禮》,以明因監③。"可知《周禮》出於居攝以後,以爲新室制作。凡《周禮》專條誤説,莽皆曾見施行,《王莽傳》之文可考。《凡例》

---

① 據《漢書·王莽傳中》,居攝三年(6),"莽母功顯君死,意不在哀"。劉歆等建言莽以"奉漢大宗之後","不得服其私親",并引《周禮·春官·司服》"王爲諸侯緦縗"、《儀禮·喪服》"庶子爲後,爲其母緦"爲據,以定其服制。緦(sī),喪服之最輕者,以細麻布爲孝服,服喪三個月。

② 據《周禮·夏官·職方氏》等,王畿以外每五百里爲一區劃,由近及遠有侯服、甸服、男服、采服、衛服、蠻服、夷服、鎮服及藩服,稱爲九服或九畿。九服加上王畿,方圓萬里。

③ 因監,原誤作"殷監",據《漢書·王莽傳》改。

(《〈周禮刪劉〉叙例》)中"徵莽"一條,即謂此義。其書晚出,故專條不惟西漢無一引用,即居攝以前,莽歆亦不援以自助。

孔氏《書》有經無説,毛公本傳子夏,東漢以後之《古書》《毛傳》非西漢之舊,《費易》後來以配古學,實失其實,則西漢無古學可知。雖叔孫通定禮有異同,然此爲三統參差例(參本書第七則:"此非互文補義,即三統異説。六經既定一尊,又以三統通其變,弟子各據所聞以立説。"),非實有古學通行傳習。古文家所指之張丞相、賈子、孔氏、太史公、毛公,皆實爲今學。

四十九

舊以今學於古學有因革,是於孔子前已立古名,孔子損益,乃爲今學,則是孔子亦有晚年定論矣。不知古學至東漢乃成。劉歆援《周禮》以爲主,其徒黨最盛,推之於《詩》《書》以成古學,是古全由今生,非古在今前。舊誤以周制爲古學,故致顛倒。實則周制本不可考,古學亦非用周制。不得前古後今,失先後之實。

五十

今、古學之分,師説、訓詁亦其大端。今學有授受,故師説詳明;古學出於臆造,故無師説。劉歆好奇字,以識古擅長,於是翻用古字以求新奇。蓋今學力求淺近,如孔安國之"隸古定"(以隸書考校寫定古篆文)、太史公之易經字是也;古學則好易難字以求古,如《周禮》與《儀禮》古文是也。古學無師承,專以難字見長,其書難讀,不得不多用訓詁;本無師説,不得不以説字見長。師説多得本源實義;訓詁則望文生訓,銖稱寸量,多乖實義。西漢長於師説,東漢專用訓詁。惠、戴(清代經學家惠棟、戴震,二人均擅長考據)以來,多落小學窠臼。陳左海父子與陳卓人①乃頗詳師説,踵事增華,易爲力也。

五十一

《春秋大傳》褚先生②引(見《史記·三王世家》)。爲例禮傳,《春秋譜牒》(記載《春秋》譜系的專書,已佚。參本書第五十三則)爲事傳。太史公據《譜牒》作《世家》《年表》,此三《傳》言事之專書。《春秋》以十九國紀事,《十二諸侯年表》(《史記》篇名)除許、曹、莒、邾、滕、薛、小邾小七國不數,《杞世家》有明文(見《史記·杞世家》:"滕、薛、騶、夏、殷、周之間封也,不足齒列,弗論也。"按,"騶"亦

---

① 陳左海父子,指陳壽祺及其子喬樅。陳左海、陳卓人,見《今古學考》卷下第二十二則脚注。陳喬樅(1809—1869),字樸園,號禮堂,清福建閩縣(今屬福建福州)人。繼其父業治今文經學,著作彙編爲《小㛣嬛館叢書》,又名《左海續集》。

② 褚先生,即褚少孫,西漢元帝、成帝時任博士。潁川(治今河南禹州)人,寓居沛縣(今屬江蘇)。曾補司馬遷《史記》十餘篇,明人張溥輯爲《褚先生集》。

作"鄒"或"邾")。此全本《春秋》立說。以周史事例之,則不得獨詳山東也。經於諸國記卒,故史詳其世系。不惟《左氏》同之,即《公》《穀》言事,亦當據此。史公兼通三《傳》,尤爲《左氏》本師,故本之爲《世家》《年表》。有《春秋譜牒》,本爲釋《春秋》之專書。若《左》《國》,則不獨爲《春秋》而作,不爲《春秋》專書也。

五十二

　　博士以《左氏》不傳《春秋》(見劉歆《移讓太常博士書》),初以爲專以說、微(參張舜徽《漢書藝文志通釋》:說、微皆爲古代注述之體。"說之爲書,蓋以稱說大義爲歸",微則"釋其微旨"耳)別行之故,繼乃知其書實不獨傳《春秋》。傳由《國語》而出,初名《國語》;後師取《國語》文依經編年,加以說、微,乃成傳本。《春秋》編年,專傳當以經編年;今分國爲編,其原文并無年月,一也。依經立傳,則當首尾同經;今上起穆王,下終哀公,與經不合,二也。《公》《穀》所言事實,文字簡質,樸實述事;今傳侈陳經說,制度與紀事之文不同,三也。爲《春秋》述事,則當每經有事;今有經無傳者多,四也。解經則當嚴謹;今有經者多闕,乃侈陳雜事瑣細,與經多不相干,五也。既爲經作傳,則始終自常一律;今成、襄以下詳,而文、宣以上略,遠略近詳,六也。不詳世系與諸侯、大夫終始,與《譜牒》《世家》之意不合,七也。《春秋》大事盛傳於世,載記紛繁。若於傳《春秋》,當詳人所略,略人所詳,乃徵實用。今不羞雷同,而略於孤證,八也。有此八證,足見其書不專傳《春秋》,蓋仿經文"行事加王心"①之意爲之。

　　經皆有空言、行事二例。《詩》與《易》,空言也;《尚書》與《春秋》,行事也;兩《戴記》,空言;《國語》,行事也。空言未嘗不説事,而言爲詳;行事未嘗不載言,而事爲主。《尚書》《春秋》,孔子因事而加王心;《國語》《左傳》,因行事而飾經義。事爲實事,言不皆真言,假借行事以存經説,本爲六經之傳,不區區一家。以爲不專傳《春秋》,乃尊《左氏》,與《兩戴》相同,非駁之也。《檀弓》,齊學之傳也,傳記惟《公羊》與《檀弓》稱邾婁,以齊語定之(陸德明《經典釋文·禮記音義·檀弓》云:"邾人呼'邾'聲曰婁,故曰邾婁。《公羊傳》與此記同,《左氏》《穀梁》但作'邾'。")。中言《春秋》例禮與事數十條,言事與《左氏》文皆不同。而兼及他經者亦多。《左氏》之書正如其體。《國語》本爲七十弟子所傳,與《戴記》②同也。指爲丘明,始於史公。與《論語》所言非一人。③ 其書決非史體,其人決非史官,萬不可以史説之者。新刊《左傳凡例》(見本書第四十三則《左氏凡例》注)詳之。

---

　　① 語本《春秋繁露·俞序》:"孔子曰:'吾因其行事,而加乎王心焉。'以爲見之空言,不如行事博深切明。"
　　② 戴記,原誤作"載記",據《辨僞叢刊》本改。
　　③ 《論語》所言左丘明見《公冶長》篇:"子曰:'巧言,令色,足恭,左丘明恥之,丘亦恥之。匿怨而友其人,左丘明恥之,丘亦恥之。'"

五十三

《春秋譜牒》乃治《春秋》專書。若當時行事,則傳、記、子、緯各有傳述,言之甚詳。《譜牒》詳其世系終始行事,但有綱目,此真正傳《春秋》之書。略人所詳,詳人所略,文字簡質,如是已足。

若傳記所言,則據《譜牒》綱目而衍成文章。如殺申生(晉獻公太子)一事,傳記凡五六見,言皆不同,事亦不合,此類實繁,不能備舉。此皆借事各抒所聞見。事如題目,記述如文字,人各一篇,不能雷同。如崔杼(春秋時齊國大夫,以專權弑君著稱)、趙盾(春秋時趙國大夫,孔子譽爲"古之良大夫",但有弑君之嫌)、世子申生①、踐土盟(魯僖公二十八年[公元前632年],晉文公與諸侯盟於踐土,從而確立其霸主地位)之類。總之,今所傳者均非史。

若周時真事,皆怪力亂神,不可以示後人。如同姓爲婚(如《論語·述而》載魯昭公"取於吳,爲同姓,謂之吳孟子",《左傳》昭公元年載鄭子產言晉平公納四姬等)、父納子妻(如《史記》載魯惠公、衛宣公、楚平王見其子所娶之女貌美,奪而自妻之)、弑逐其君(見《史記·太史公自序》:"《春秋》之中,弑君三十六,亡國五十二,諸侯奔走不得保其社稷者不可勝

---

① 世子申生:"申"字原脱。按:"世子生"未載於《春秋》,而"世子申生"載於《春秋》僖公五年。本書前文已言及"殺申生"。廖平《左氏春秋考證辨正·定公篇》亦載本書此條,但不脱"申"字。據補。

數。"）、恒公滅卅國、姑姊妹不嫁七人①等，背禮傷教之言，乃爲真事。當時亦均視爲常事，并無非禮失禮之説。孔子全行掩之，而雅言以《詩》《書》、執禮（語本《論語・述而》："子所雅言，《詩》《書》、執禮，皆雅言也。"），不得於孔子後仍守史文之説也。

　　《春秋》《國語》皆經也，惟《譜牒》乃史耳。董子云：《春秋》有詭（變異）名、詭實之例：當時所無之制，欲興之，則不能不詭其人；義所當諱之事，欲掩之，則不能不詭其實。（董仲舒《春秋繁露・玉英》原文云："《春秋》之書事時，詭其實以有避也；其書人時，易其名以有諱也。"）《春秋》所見之監者，當其時并無其人其事。又凡所言夷狄，皆指中國，并非真夷狄也。意不欲言則削之，如鄭厲公入櫟（Ⅱ，鄭國別都，在今河南禹州）以後，十數年不一記鄭事，數經弒殺，經無其文是也。制所特起則筆之。如三國媵伯姬，當時無此禮（見《春秋》成公十年五月："齊人來媵。"《公羊傳》："媵不書，此何以書？錄伯姬也。三國來媵，非禮也。"），親迎亦無詳錄伯姬之類。《春秋》有筆削，凡涉筆削，皆不可以史説之。削者首尾不全，筆者當時尚無其制。後人好以史説《春秋》，而無左氏又非史，則杜氏（杜預）乃得售其術（下則云"杜氏承古文家法以爲魯史"）。故凡大事，衆人所共知，史原事也。至於一切外間小事，魯國細事，不惟當時多無記録，即使有之，亦其細已甚，史不得詳。

————

　　① 見《荀子・仲尼篇》："齊桓，五伯之盛者也。前事則殺兄而争國；内行則姑姊妹之不嫁者七人，閨門之内，般樂奢汰，以齊之分奉之而不足；外事則詐邾襲莒，并國三十五。"

總之，孔子之修《春秋》，正如劉歆之改《周禮》。《周禮》爲劉氏之書，《春秋》亦爲孔子之書。《周禮》當復舊觀，《春秋》不可復言史法。如欲侈言史，太史爲聖人矣，則《通鑑綱目》①真可以繼尼山之傳矣。

五十四

《春秋》爲孔子修，故爲經。杜氏承古文家法以爲魯史。"五十凡"爲周公舊例，多存史書原文，②則十二公中至少亦經七八人之手。以爲據《周禮》凡例而書，故人多而文不一律。又據外國而書，并不問其得失及本國義例。似此則真爲斷爛朝報（見《宋史·王安石傳》："先儒傳注，一切廢不用。黜《春秋》之書，不使列於學官，至戲目爲斷爛朝報。"），無足輕重矣。聖人垂教之大經，至詆爲依口代筆之雜説，非聖無法，至此已極，而世乃不悟，悲夫！

---

① 《通鑑綱目》，《資治通鑑綱目》的簡稱。此書由朱熹及其弟子趙師淵據司馬光《資治通鑑》等書剪裁而成，共五十九卷。其書爲綱目編年史，綱爲提要，模仿《春秋》；目以敘事，模仿《左傳》。

② 見杜預《春秋釋例》："稱'凡'者五十，其別四十有九。"杜氏《春秋左傳氏序》："其發凡以言例，皆經國之常制，周公之垂法，史書之舊章。"

五十五

《春秋》爲孔子繼《詩》而作，於史文有筆有削，各有精意。若但據赴告（春秋時各國以崩薨及禍福之事相告。孔穎達云："凶事謂之赴，他事謂之告。對文則別，散文則通。"）之文，則與今《廣報》（中國早期的日報之一，1886年創辦於廣州）《滬報》（中國早期的日報之一，1882年創辦於上海，文章多譯自英文報《字林西報》）相似，且廣、滬報亦自有義例，豈能不論可否，據赴直書之理？即如以十九國爲主，餘者不記事，全從《王制》主義，與六藝皆通。若但據史文，則當時國多矣，何以只此十九國來赴卒、葬，而宿（春秋時期風姓小國）乃一赴卒乎？

每經皆有師説、義例，在於語言文字之外。如筆削、褒貶、進退、隱見、二伯、方伯、卒正、連帥諸凡義例、禮制四五十類，此《春秋》精意，師説也。《左》例中皆已具之，與二《傳》同，與《周禮》異，此《左傳》不可以爲古學之實也。

五十六

傳若爲國史原文，則一經應有一傳，前後一律，乃爲舊文。今傳襄公卅年與僖前百年多少相等，且莊公至七年不發一傳，此成何史體？又傳多不應經，且有無經而傳，所以不書之故，則又非史官所得言。故杜氏不敢以傳爲專據史文，尚屬留心，不似後人魯莽也。國史之說出於古文家，是隱駁孔子作六經之意，一言史則其弊不可勝言。

五十七

《譜牒》爲《春秋》事傳，所謂"其事則桓、文"也；《公》《穀》爲《春秋》例傳，所謂"其義則丘竊取"者也（語出《孟子·離婁下》："其事則齊桓、晉文，其文則史。孔子曰：'其義則丘竊取之矣。'"）。各詳一門，互相啓應。今《公》《穀》每因弟子問錄事迹，則《公》《穀》非不言事也。

《春秋大傳》，今《曲禮》《繁露》中有其文，與事傳初并不與經相連。依經附傳，此爲後出答問之書，故與今相比。

《國語》者，弟子爲六藝作，本爲今學書，與僞《周禮》專條無一同者。古文家因傳歆手，牽爲古文，非是。劉歆屢《周禮》而不屢《左傳》，以《左傳》在前，迎合①莽意後乃成，且心慕其書，不忍竄亂之也。

五十八

《公羊》《穀梁》本一家也，由齊、魯而分。劉歆更造爲鄒、

---

① 據文意，"迎合"前當有"非"字。

夾之名，則《春秋》有四家矣。今會通齊、魯，合爲一家，并收《國語》以補事實，則三《傳》精華會萃一書，即鄒、夾二家之僞說，亦不能自立矣。

五十九

周宇仁據《大傳》(《尚書大傳》)文，主博士二十八篇爲備之説。予初不以爲然，以《古書》引用者甚多，不能以佚文爲非《書》；及考《百篇書序》，然後悟周説爲是。如《大傳》言五《誥》(《大誥》《康誥》《酒誥》《召誥》《雒誥》)，《孟子》引《湯誥》不在五《誥》中，蓋孔子所筆削爲經者實二十八篇，其餘即孔所論之餘，劉向云"周時誥誓號令"(《漢書·藝文志》顏注引)是也。

及讀牟默人(即牟庭，見本書第二十七則脚注)①《同文尚書》小傳序，力主此説。以二十八篇爲孔子刪定本，餘存尚多，即《藝文志》之"《周書》七十一篇"也。其《百篇序證案》以百篇出於衛宏、賈逵(牟庭《百篇序證案》云："百篇之序，僞起衛宏，而賈逵實成之也。")，蓋聖作之經，不應亡佚過半，且既經筆削，則聖經也。

---

① 牟默人："默"，原誤作"黔"，據《清史列傳》(中華書局1987年版)、《辨僞叢刊》本改。下同。

孟子於《武成》取二三策,①以爲原文則可,聖經則何以尚待孟子之甄別? 當亦非所敢言。《書》分帝王、周公、四岳二十八篇,各有起文,互相照應,其文已足,不能多加一篇。以義理、事證包括無遺,不能於外再有所補。經貴簡要,傳貴詳明,人多以傳爲經。《孟子》引"放勳(帝堯之名)曰"云云(《孟子·滕文公上》),或以爲《尚書》佚文②。顧氏(明末清初思想家顧炎武)以"日"爲"曰",③如此之類甚多(詳顧炎武《日知録》卷四"《穀梁》日誤作曰"條),是也。又《孟子》紀舜事,皆爲《尚書》師説,故文體與《尚書》不同。

其誤原於《百篇序》,《百篇序》以在《史記》而人不敢駁,實則其説皆不通。古無《舜典》,衛、賈(東漢經學家衛宏、賈逵)創爲其名,以凑百篇之數。陳亦韓④説:"本無別出《舜典》,《大學》引《書》通謂《帝典》。"(陳亦韓《經咫》)《子華子》《孔叢子》亦稱《帝典》。陳南浦⑤誤於序説,并回護僞古文,疑"月正元

---

① 見《孟子·盡心下》:"孟子曰:'盡信《書》,則不如無《書》。吾於《武成》,取二三策而已矣。'"廖平謂《武成》係孔子所删古書之篇,相繼爲西漢張霸、東晉梅賾僞托,并納入《古文尚書》。説見氏著《群經凡例·今文尚書要義凡例》。

② 佚文,原誤作"佶文",據文意改。

③ 以"日"爲"曰":"曰"原竄於下文"甚多"後,據《辨僞叢刊》本乙正。

④ 陳亦韓,即陳祖范(1656—1754),字亦韓,號見復,江蘇常熟人。著有《經咫》《司業集》等。

⑤ 陳南浦,當係陳蘭甫或陳蘭浦之誤。下同。蘭甫或蘭浦爲清代著名學者陳澧(1810—1882)之字。陳澧號東塾,清廣東番禺(縣治今廣州)人。著有《東塾讀書記》《漢儒通義》《東塾集》等。

日"(猶"正月上日"[均載今通行本《書·舜典》]。元日、上日、吉日也)以下,實古之《舜典》(見陳澧《東塾讀書記》卷五)。

按:《帝典》古稱《虞書》,以虞包唐。故三統之説言有虞氏(虞舜的別稱。有,詞頭,常用於國名、族名、物名前。清人王引之曰:"有,語助也。一字不成詞,則加'有'字以配之。")而不言唐堯,舉虞以包唐,不必別有《舜典》。且堯舜均稱,二《典》當并重,西漢以前乃無人引其文,無人道其名,萬不能軒輊①若此,即此可悟古無《舜典》矣。舊本堯舜并説,合爲一篇,名曰《帝典》。《大學》《子華子》《孔叢子》所稱《帝典》,其本名也。後師因其首言堯,稱爲《堯典》。諸書之稱《堯典》者,非便文,則譯改。

《百篇序》本古文家仿張霸而作,孱入《史記》,以爲徵信。考張霸《百兩篇》備録經文,其僞顯著。② 劉歆欲攻博士經不全,故本其書作序。有序無經,不示人以瑕;序襲《百兩》,非《百兩》襲序。《毛序》出於謝(東漢經學家謝曼卿),《書序》則劉歆所爲。以百篇立名,憤博士二十八篇爲備之説耳。僞古文之作,僞《書序》實爲之俑。閻氏③攻僞孔而不攻《書序》,未

---

① 軒輊(zhì):車輿前高後低稱軒,前低後高稱輊。軒輊引申爲高低、輕重、優劣,又指褒貶抑揚。典出《詩·小雅·六月》:"戎車既安,如輊如軒。"

② 參《漢書·儒林傳》:"世所傳《百兩篇》者,出東萊張霸,分析合二十九篇以爲數十,又采《左氏傳》《書叙》爲作首尾,凡百二篇。篇或數簡,文意淺陋。成帝時求其古文者,霸以能爲《百兩》徵,以中書校之,非是。"

③ 閻氏,指清代經學家、考據學者閻若璩。著有《尚書古文疏證》,確證《古文尚書》及孔傳出於僞作,《四庫全書提要》評曰:"反復釐剔,以祛千古之大疑;考證之學,則固未之或先矣。"

得罪魁矣。魏默深①以《孟子》《史記·舜本紀》之文爲《舜典》，據而補之，陳南浦强分"月正元日"以下爲《舜典》，皆誤於僞序之故。

僞古文之《五子之歌》《咸有一德》等篇，本非書名。杜、賈引以湊百篇之數，乃亦附會其名，而撰爲一篇，則不惟其文僞，并其篇名皆僞也。牟默人分二十八篇爲三十一篇，可也；以《史記》所引序爲眞書，則非。據云《書序》不見《史記》者三十七，恐不如此之多，試再考之。

六十

初以《毛詩》爲西京以前古書；考之本書，徵之《史》《漢》，積久乃知其不然。使《毛傳》果爲古書，《移書》何不引以爲證？《周禮》出於歆手，今《毛傳序》全本之爲説，劉歆以前何從得此僞説？同學有《毛詩傳序用周禮、左傳考》（今未見此文）甚詳。《藝文志》之《毛傳》，《劉歆傳》《河間獻王傳》《後漢書·儒林傳》之"毛詩"字，皆六朝以後校史者誤羼，原文無此。舊有《毛詩淵源證誤考》一卷（今未見此文）。

---

① 魏默深，即魏源（1794—1857），字默深，湖南邵陽人。官至高郵知州。"經術湛深，讀書精博"；"其經世之文，多洞中情事"（《清儒學案》語）。著作遍及四部，有《書古微》《詩古微》《老子本義》《聖武記》《元史新編》《海國圖志》《古微堂詩文集》等。

六十一

　　《周禮》出於劉歆,《古書》出於東漢,前人皆早已疑之,惟以《毛詩》出東漢,古無此説。然《後漢書》明以訓爲謝曼卿作,序爲衛宏作。① 使魏晉間果以《毛詩》出於西漢,鄭君有以《毛序》爲子夏、毛公所作之説,范氏何敢以衛、謝當之?《後書·儒林傳》,《古書》《周禮》創始之注皆名"訓",② 皆馬氏(馬融)傳、鄭氏(鄭玄)注。以二書相比,足見其例。此等爲范《書》真文,後人不能僞改。

　　若十四博士之有"毛詩"字之類,則後來校史者所屢補。誤信後説,以改古書,今當由此類推。至於《鄭志》書有以傳爲毛作者,則又劉炫等之僞説,證之本書,考之本傳,有明徵者也。牟默人先生《詩切》主此説,以《毛詩序》爲衛宏作,别爲序,并以笙詩五篇爲纂人之名。

---

　　① 見《後漢書·儒林傳》:"九江謝曼卿善《毛詩》,乃爲其訓。宏從曼卿受學,因作《毛詩序》,善得《風》《雅》之旨,于今傳於世。"
　　② 據《儒林傳》載,衛宏爲《古文尚書》作《訓旨》,賈逵作《訓》。《周禮》注無直言"訓"者,不過鄭衆有《周官傳》,馬融、鄭玄稱爲《周禮解詁》(見賈公彦《序周禮廢興》)。此處詁(又作"故")與訓義例略同,皆爲疏通文義,專詳訓詁名物(説見張舜徽《漢書藝文志通釋》)。

六十二

孔子言"《詩》三百"者不一而足,今《詩》三百,是《詩》備也。劉歆憤博士"以《尚書》爲備"一語,欲詆博士之《詩》不全,於是於《周禮》僞羼"六義",於風、雅、頌之外,添出賦、比、興,其意不過"三易"、《百篇書序》故智。然賦、比、興①之説,古今無人能通,亦別無明證,此必出於僞説無疑。

如言"三易",孔子本《坤乾》作《易》,商得《坤乾》,何緣有《連山》《歸藏》皆六十四卦之説?舊《易》言"坤乾",孔子修之,改爲"乾坤",扶陽抑陰②之説所由出焉。《書》實只二十八篇,十六篇(《古文尚書》所增篇數)特爲傳説。歆創爲百篇之序以攻博士,不惟雜湊乖謬,其病百出,即捏造《舜典》《帝誥》二篇名,③已萬不能通。《藝文志》鄒、夾二家《春秋》,按既言無書,則《藝文志》何以列之?無師則不必有書,即使有書無師,又何列之?而當日桓公、貫公、庸生之書④所引用者,乃不收之?既有二

---

① 興,原誤作"賦",據《辨僞叢刊》本改。
② 扶陽抑陰,原誤作"扶陽陰抑隆",據《辨僞叢刊》本改。
③ 參廖平《四益館雜著·牧誓一名泰誓》:"古文家……其誤如《堯典》外別立《舜典》,《禹貢》外別立《九共》,《帝謨》外別立《帝誥》。一篇誤爲二名,故致歧異。"自注:"古本以《帝典》《帝謨》爲正名。《法言》云帝得之而爲《謨》。《大傳》'帝誥'即'帝謨'之字誤,所引施服上下五采即《謨》明文。"
④ 《漢書·劉歆傳》附《移讓太常博士書》云:"傳問民間,則有魯國桓公、趙國貫公、膠東庸生之遺學與此同,抑而未施。"

家,《移書》何不引之？凡此皆劉氏報復"《尚書》爲備"一語之説也。

而《毛詩序》首引"六義"《周禮》之文,《傳》又於詩下加"興也"字,朱子乃加比、興。此謝、衛爲劉歆弟子,據《周禮》爲説之切證也。若《毛詩》爲古書,則必實能將"六義"説清,與"三易"、《百篇序》皆通,然後能信爲真西漢以前之毛公,非謝、衛作也。牟默人先生以"六義"爲劉歆僞説,是其一證。

六十三

六經皆爲孔子所傳,劉歆《移書》亦同博士説,此歆初議也。歆於事莽以前,議禮上書,皆全本今學,與博士無異,如廟制用《王制》《穀梁》是也。至後乃造僞説,以攻博士。《周禮》爲周公手訂之書,又有"三易""六詩"(猶"六義"。見《周禮·春官·大師》:"教六詩:曰風,曰賦,曰比,曰興,曰雅,曰頌。"),是經全爲周公舊文,非孔子作明矣。《論語》云"《雅》《頌》各得其所"(《論語·子罕》),今歆創爲本之周公,而《毛詩》則據國史爲説,此亦不可通之明證也。

六十四

　　古無大、小毛公之説,始於徐整,①此魏晉以下人依仿小大戴、小大夏侯僞造而誤。且有二説:一同時,一隔代。亨、萇之名,叔侄之分,均不能訂。凡此皆僞説。同學《大小毛公考》(馮震熙撰,載《尊經書院二集》卷一)已極明矣。

　　《釋文》《隋志》多采六朝人無稽之談,捏造名字,妄編世代。如公羊之數世,穀梁之數名,《左傳》與《毛詩》之淵源②授受,立爲二學。經學唯《易》授傳可考,《史記》有明文。此等如《唐書(《新唐書》)·世系表》臆造漢高祖父母之名,與近世地志姓氏俗説相同,不足以爲典要。若先入爲主,酷信其説,則亦聽之耳。河間獻王以毛公爲博士,亦誤説,漢惟天子立博士。

六十五

　　今學《詩》有傳,如劉向、董子所引諸條是也。所説多在文字之外,是爲一經微言大義。故漢人重師法,如《樂緯》之

---

　　① 徐整所言大、小毛公之説,詳《經典釋文·序錄》。徐整,字文操,三國吳豫章(郡治今江西南昌)人。官至太常卿。著有《毛詩譜暢》《孝經默注》《三五曆記》等,均已佚。

　　② 淵源,原誤作"淵深",據《辨僞叢刊》本改。

先周後殷、紃杞故宋①之類，亦是也。

　　《毛傳》但言訓詁，與《周禮》杜林②訓同，此爲謝氏（東漢經學家謝曼卿）之訓。《馬傳》今有輯本（馬國翰《玉函山房輯佚書》載有馬融《毛詩馬氏注》一卷）。蓋《毛公詩》不傳，劉歆弟子以《周禮》《左傳》二經不足以敵博士，乃推其說於《詩》《書》，務與博士諸經相比。劉歆改《逸禮》爲《周禮》，弟子又從三家、歐陽、夏侯本翻改《毛經③》《古書》。三家《詩》師說詳明，禮制俱備，非只言訓詁而已。粗言訓詁，不足以爲經說。今陳輯本與《韓詩外傳》可見。謝氏初翻經文，未有師說，欲變博士則不能臆作，欲襲三家則無以自異，故但言訓詁，稱爲訓，與《周禮》《尚書》之稱訓同也。後來馬、鄭繼起，乃從而補之（馬融著有《毛詩馬氏注》，鄭玄著有《毛詩箋》）。《毛詩》之簡陋，正其門户初立，窮窘無聊，非得已也。

　　今若只就傳、序欲通《詩》之意，則欲渡無津，勢不能行。陳石父（即陳奐，見《今古學考》卷下第二十二則脚注）疏亦惟有泛濫引用今說以濟其窮，非古學之真。或以《毛詩》爲古師簡奧。夫

----

① 《樂緯·動聲儀》原文作："先魯後殷，新周故宋。"（《文選·潘岳〈笙賦〉》李善注引）廖平、皮錫瑞等今文經學家認爲，《詩·三頌》有通三統之義，三家《詩》之遺說不傳，而散見於緯書。根據廖平的說法，三《頌》以《周頌》居首，即托文王、武王爲新周。《魯頌》《商頌》居後，魯、宋皆稱公，即存二王之後。其中《魯頌》居中，爲王魯（尊周公）；《商頌》殿末，爲故宋（存湯之後於宋）。"禹不列《頌》"，"杞不稱公"，即紃杞。按：王者尊賢不過二代，故作爲夏後之杞當被紃（通"黜"）。
② 杜林，疑爲"杜子春"之誤，見本書第四十則脚注。
③ 毛經，疑爲"毛詩"之誤。

《論語》《戴記》《國語》《孟子》說《詩》之文多矣,何嘗似此鈔錄《爾雅》,便爲經説哉!

六十六

劉歆《周禮》中,暗寓攻擊聖經之言。除"三易"外,《詩》有"六義",則經佚其半矣;有《豳雅》《豳頌》,①則《風》不及其半矣;有九《夏》,則《肆夏》只得其一耳。② 此等説全無依據,歆悍然爲之而不顧者,明知其無益,特以此説迷惑後人,使人有疑經之心。故至今千餘年③來,誤説從無人正之也。

六十七

東晉《僞古文尚書》,近人皆知其僞;作俑實始於歆造《百篇書序》,屢入《史記》,使人疑史公從孔氏問故,必爲真序。

---

① 語出《周禮・春官・籥章》:"凡國祈年于田祖,龡《豳雅》,擊土鼓,以樂田畯。國祭蜡,則龡《豳頌》,擊土鼓,以息老物。"據鄭玄注,《豳風・七月》備風、雅、頌三體:"以其歌《豳詩》以迎寒迎暑,故取寒暑之事以當之;吹《豳雅》以樂田畯,故取耕田之事以當之;吹《豳頌》以息老物,故取養老之事以當之。"(皮錫瑞《經學通論・詩經》)

② 見《周禮・春官・鍾師》:"凡樂事以鍾鼓奏九《夏》:《王夏》《肆夏》《昭夏》《納夏》《章夏》《齊夏》《族夏》《祴夏》《驁夏》。"鄭玄注:"九《夏》皆詩篇名,《頌》之族類也。此歌之大者,載在樂章,樂崩亦從而亡。"

③ 年,原脱,據《辨僞叢刊》本改。

不知《移書》明云增多十六篇,安得有五十九篇之説(見《偽孔傳序》:"伏生又以……復出此篇,并序,凡五十九篇,爲四十六卷。")?使歆不造偽序,後人何從而作偽?且《偽書·周官》一篇,直爲《周禮》師説,由偽生偽,歆其罪魁矣!《孔叢子》《家語》,偽書也,中多與《周禮》同,即是其偽。哀、平以前,《周禮》專條偽説無一左驗(佐證);凡有與《周禮》同者,皆爲劉歆以後偽書,可由此決之。《百篇序》爲攻"《尚書》爲備",故自作之;《漢志》引用其文,出於歆手無疑。《毛序》則謝曼卿仿而爲之。

六十八

六朝人於劉學炎隆之際,篤信不疑。因其無本,反增撰偽説淵源,致成風氣。凡《隋志》《釋文》所載,十無一真。即如《偽古文》,當時亦專信不疑,更爲之辭。幸閻氏講明此事,世知其偽。今并删去《周禮》專條與《毛詩》《古書》之誤説,則道一風同,霧霾消而日月重光矣。

六十九

博士説經,皆有傳授,以師説爲主。西漢中,如伏、韓、賈、董、匡、劉(伏生、韓嬰、賈誼、董仲舒、匡衡、劉向)諸書,全以經義爲主,不徒侈言訓詁而已。專言訓詁,是爲古文派,其學既無本源,又多與經相反。今爲考訂,其誤自見。

《周禮刪劉》叙例

一

古今疑《周禮》、删《周禮》者不知凡幾。惟其説淺略，故不足以爲定讞(yàn，議罪，定罪。定讞，定案，定論)。今立十二門以證其誤。説詳《凡例》(即後文《〈周禮刪劉〉舉例十二證目》)。

此書乃劉歆本《佚禮》、屢臆説揉合而成者。如果古書，必係成典，實見行事。即周公擬作私書，此朱子説(詳《朱子語類》卷八十六《周禮》)。亦必首尾相貫，可見施行。今所言制度，惟其原文同於《王制》者，尚有片段。至其專條，如封國、爵禄、職官之類，皆不完具，不能舉行，又無不自相矛盾。如建國五等、出車五等①之類。且今學明説見之載籍者，每條無慮數千百見；至《周禮》專條，則絶無明證。如今學封國三等、三公九卿毋慮千條。而

---

① 據文意，"五等"疑爲"三等"之誤。《古學考》第四則此處略同，但作"三等"。

《周禮》地五等，以天地四時分六卿，則古絶無明證。可知其書不出於先秦。

今於其中删去僞羼之條，并將原文補入，以還《佚禮》之舊。

二

《左傳》本於《國語》，典制全同《王制》，與《周禮》相反；其云喪祭、喪樂①、喪娶之類，多後人誤解傳意。至《周禮》，則劉歆迎合莽意所造之制，顯與今學爲難。

如《緯》云"殷爵三等，周爵五等"（見《今古學考》卷下第二十一則脚注），地三等（《禮記·王制》云："公、侯田方百里，伯七十里，子、男五十里。"據《白虎通義·爵》，夏、殷、周地皆爲三等），僞《周禮》則以爲五百里迭減（見後文所引《周禮》"九服"）。《曲禮》言五官與天官，《盛德》言六官之名，②《千乘》以四官配四時，此皆今學家同實異名分配之説也。而劉歆本之作六卿，以天地四時分配矣。今學之師、保、傅乃太子官僚，而三公九卿則又明説不可易。劉歆以三太（太師、太保、太傅）爲三公，三少（又稱三孤。指少師、少傅、少

---

① 喪樂，原誤作"喪藥"，據《辨僞叢刊》本改。
② 見《大戴禮記·盛德》："冢宰之官以成道，司徒之官以成德，宗伯之官以成仁，司馬之官以成聖，司寇之官以成義，司空之官以成禮。故六官以爲轡……"

保)爲三卿,配之六卿,以合九卿之數。皆依傍今禮,推例小變,不惟不合《王制》,亦絕無明證。

復來《古書》《毛詩》之學,則專從此異説,以爲宗派,其途愈隘,其説愈窘;馬、鄭繼起,尚不明備如今説也。《書》《詩》於今學明條誤爲通義者,亦并用之,不相分別矣。

三

初以《周禮》爲戰國時作,《考工記》爲未修之底本,繼以爲劉歆采輯古學而成,皆非也。《周禮》原書即孔壁之《逸禮》,本爲弟子潤澤官職之言,與《荀子·序官》(載《荀子·王制》)同爲《王制》之節目也。《序官》言名銜之事,其文甚略。《王制》冢宰在三公之外,所屬有太史、司會 kuài 二官,不爲三公所統。常疑冢宰別爲一官,未必爲司徒兼攝,以掌職屬官,皆在三公外也,而別無明説以爲證。

《考工記》一篇與五官文同,他書無此體。百工爲司空職,古無其説。故先儒以爲命博士作,乃補五官之缺。或又云:缺《冬官》,取《考工記》補之。然《冬官》篇首明云:"國有六職,百工居一",并不云缺補。若如前説,命博士撰補,則何不據古書司空事,乃言百工乎?若如或説,缺《冬官》即有此記相補,除《考工記》外,他書并無此體。《考工》三十官,《孟子》一書已見十官,確是古書。不惟與本記文不合,於事理亦礙。則《考工》實與五官同一書，特非《冬官》耳。

考《曲禮》天官、六大、五官、六府、六工文與《周禮》合，鄭注以爲其官皆見《周禮》，疑此與《周禮》合，而名目參差不同，《周禮》六官之名，實本《盛德》。不敢據以爲説。蓄疑三四年，乃始悉其故。蓋《曲禮》實即《佚禮》官職之舊題也。

六大以大宰爲首，下五者即其同職。大士，"士"即"工"誤文，掌六工之事，後之六工即屬之。大卜當爲太僕。大宰即制國用之冢宰（見《王制》："冢宰制國用，必於歲之杪，五穀皆入，然後制國用。"）。六大即董子通佐大夫，董子説七人（見《春秋繁露》："通佐十上卿與下卿二百二十人"，"有七上卿"），今言六大者，未數司會耳。司會掌會計，下六府即其所統者也。此專主天子事。如今宗人、內務、大（同"太"）常、鑾儀、大（同"太"）醫、欽天、營造諸衙門，不統於部，直隸天子，故曰天官。此《王制》冢宰與三公別爲一官之説也。《曾子問》之宰祝、宰史與卿、大夫、士各爲一事。又有五官之文，①卿、大夫、士即五官之堂屬也，與六大異事，即此可見。

五官首之司徒、司馬、司空，則三公也。下之司士、司寇（廖平《王制集説》謂二者皆爲司馬之屬，九卿之二），則《王制》三官之二也。今學本立三公，《王制②》以樂正、司寇、市爲三官，三官皆卿也（參《今古學考》卷下第一百零一條。前文謂樂正、司寇、市三官分別爲司

---

① 見《禮記·曾子問》："命祝史告于社稷、宗廟、山川，乃命國家五官而後行。……命祝史告于五廟，所過山川，亦命國家五官，道而出。"

② 王制，原誤作"而制"，據文意改。

徒、司馬、司空之副）。而《千乘》以司寇配三公爲四官。司士名見《夏官》，掌選舉者。三公二官，配數則爲五官。《盛德》篇、《盛德》篇文有與《周禮》六官同者，乃注記混入正文，非《大戴》之舊，故康成注《周禮》不引以爲證。《昏義》皆言六官。《昏義》六官，官讀如宮；《盛德》之六官，則以三公司徒、司馬、司空合數司寇與六大之大宰、大宗也。《曾子問》稱大宗、宗人（見《禮記·曾子問》："大宰、大宗、大祝皆裨冕，……祝、宰、宗人、衆主人、卿、大夫、士哭。"），則宗伯當即大宗也。三官、四官、五官名目配合雖不同，然皆爲今學說也。正如今之言閣部、科道、部院、部科、督撫、司道、道府，隨其類而言之例。

　　六府則主爲天下理財，即《尚書》之六府也，①爲司會所統。六工則爲天下造器。此爲工師（爲百官之長）所統，《序官》有工師（見《荀子·王制·序官》："論百工，審時事，辨功苦，尚完利，便備用，使雕琢文采不敢專造於家，工師之事也。"），即大工（即《曲禮》六大之大士。前文謂"士"爲"工"之誤）是也。此皆別屬，不統於三公，不歸入六官者也。

　　《曲禮》僅有其名，職掌則全見《佚禮》；《曲禮》爲綱，《佚禮》爲其詳細。此書本弟子所傳，故其文與《朝事》《內則》等篇相合，出孔壁後，與《左傳》同藏秘書。《移書》所引《逸禮》，即有此六篇在其內，當時學者不習其書。劉氏因立《左傳》與博士積仇，莽將即真，更迎合其意，於是取此六大、五

---

① 見《僞古文尚書·大禹謨》："水、火、金、木、土、穀惟修，正德、利用、厚生惟和。……六府三事允治。"孔穎達疏："府者，藏財之處；六者，貨財所聚，故稱六府。"又見《左傳》文公七年："《夏書》曰……六府三事，謂之九功。水、火、金、木、土、穀，謂之六府。"

官、六府、六工之文，刪去博士之明條，而以①己説屢補其間。歆頌莽功德云："發得《周禮》，以明因監"，此《周禮》始於莽、歆之明文。故方氏苞《周禮辨》主此立説。

又不仍舊次，承《盛德》篇六官舊文，以變三公九卿之説，於是以六大爲一卿，大宰即冢宰也，天官即仍其號。改司徒禮官爲地官，以配天官，取司空所掌職盡歸之，以合地官之義。宋儒欲取五官之文以備冬官者，此也。即以大宗代司徒主春，司馬、司空仍舊文。其不用《曲禮》司士者，以《盛德》篇言宗伯，不言司士也。至於司空一官，則其職以歸司徒，并分見餘官，六府可以分隸，而六工不能，故即以司空作叙於首，以百工爲六職之一。此劉氏取《逸禮》爲《周禮》，變六大、五官、六府、六工以爲六卿之實迹也。

鄭君注《王制》，以《周禮》爲真周禮，故以《王制》爲殷禮；其注《曲禮》，亦猶《王制》，以六大、五官、六府、六工爲殷禮。其所以指爲殷禮者，乃據劉歆臆撰之言耳。

今定爲此説，則羣疑皆通，劉歆顛倒五經之言，乃有實據。不依此義，則以司徒爲主地，司空主百工，天地四時分六官，凡西漢以前決無一明證。況衆證確鑿，無可疑乎！按：以《周禮》爲出《逸禮》，則《逸禮》未嘗②亡也。

---

① 以，原脱，據《辨偽叢刊》本補。
② 嘗，原誤作"常"，據《辨偽叢刊》本改。

四

同學所撰《王制輯義》（當即《古學考》第十八則所言之《王制輯說》，今未見此書），上舉六藝，次及傳記，又次子、緯，下及經師。哀、平以前，莫不同條共貫，綱舉目張，實可見之施行。

至於《周禮》專條，參於《佚禮》之中，不合經傳，又無徵據。因誦法真文，連及屢僞，明知其説不通，然不能概指爲僞，故以爲周公擬稿，未見施行。使周公初稿自相矛盾至二十四倍①，亦失其聖。何以西周未行，廢稿乃流傳至於哀、平？況廢稿猶傳，何以真者反絶？今《王制》全與經制合，何又不以《王制》爲周公曾舉行之書乎？何又以三代有沿革，不知爲何代之書？果如此説，是亦沿變之制，況由百里改方五百里，由五服改九服，縱有奇變，亦萬不至此。

《佚禮》本爲《王制》序，而全合六經，百世不易之制。今爲此僞屢數條，乃使其書爲廢稿，爲流失。無論（且不説）其説無據，究得實其書，亦不足取。是名爲尊《周禮》，反以害之。今刪去數條，其書便與六經相通，爲百世不易之法，真與聖經

---

① 見《周禮·地官·大司徒》："諸公之地，封疆方五百里。"《禮記·王制》："公侯田百里。"《今古學考》卷下云："《周禮》封建之制與《王制》相較，一公所封多至二十四倍。"

同尊。不惟①經學杜紛爭,制度有實迹,且使孔子撰述苦心不致經掩,道一風同,其樂何極！惡紫亂朱,惡莠亂苗,願與天下一證之也。

五

《周禮》真古書,真者多,僞者少。劉歆刪去博士明條②,參以臆說,以至真僞相雜,彼此兩傷。今刪去劉說,據博士明文以補之,則箴芥相投③,合之兩美,以復《佚禮》舊觀,歸還今學。其刪除之條,與《僞古文尚書》編爲一類并行焉。

六

劉歆《周禮》之學,在王莽即不盡依,東漢亦不甚行。如《白虎通義》用古學者不過百分之一,《班志》用《周禮》者亦十無一焉。《周禮》盛行全在魏晉以後。

---

① 惟,原誤作"爲",據《辨僞叢刊》本改。
② 明條,原誤作"名條"。《辨僞叢刊》本作"明條",本書亦多處言博士"博士明條"或"今學明條"。據改。
③ 箴芥相投,典出三國吳韋昭《吳書》:"虎魄不取腐芥,磁石不受曲鍼。"磁石能引鍼,虎魄(即琥珀)能拾芥,後因以"箴芥相投"比喻雙方言語、意見、性情等相投契。箴、鍼,均同"針"。

盧子植①以《王制》爲僞，鄭君注《周禮》，古學日興，今學浸(逐漸)以微亡，皆在六朝之際。於是古學造淵源，自彌其闕。後人習聞其説，幾以爲《周禮》自古已有二派者。然此以末爲本也，試考《史》《漢》，自知其事。

---

① 盧子植，當作盧子幹或盧植，見《今古學考》卷下第六十五則"盧子幹"注。

《周禮删劉》舉例十二證目

己丑(1889)作八證,辛卯(1891)作十證,甲午(1894)乃益爲十二,後有續①得,再爲補益。

一、違經②

凡歆所改專條,皆與諸經違反。九州、五服、三等封、三公、九卿、六太之文,本皆詳明,僞說皆與相反,今學全與經合,即此可知優劣。或因《周禮》不同經,以爲周公之私稿;即能通之,亦與經無相干涉,況其萬不可通。

二、反傳

《左傳》傳於歆手,古文學家以爲古學,乃其制度無一條

---

① 續,原誤作"結",據《辨僞叢刊》本改。
② 按:證目標題前原無序號,係校注者所加。下同。

與《周禮》同者。劉既改《周禮》，何不并改《左傳》？歆愛①古籍，不忍亂之。改《周禮》以爲莽制作，亦一時好奇喜事之舉，初不料遂傳爲經，支衍爲派，流毒至今如此之深。使歆早知如此，必改《左傳》以自助。病心喪狂，尚更何忌？歆傳二書而自有同異②，同者通義，異者孤文，則是非不待言矣。

三、無徵

劉歆專條，西漢以上從無明證，此人所共知。或以《明堂位》方七百里說公方五百里，不知其爲"四"字之誤。千乘亦閒田所出，非本封（參《古學考》第四十五則）。以《學禮》師、保③證三公，不知太子宫官皆兼攝，非本職。又或以《朝事》證會同，不知乃注文誤入，故鄭注不引之。實則《周禮》條全出臆撰誤讀，無一明證也。

---

① 愛，原誤作"受"，據《辨僞叢刊》本改。
② 同異，原誤作"同意"，據《辨僞叢刊》本改。
③ 《大戴禮記·保傅》引《學禮》曰："帝入東學……。帝入太學，承師問道，退習而端於太傅，太傅罰其不則而達其不及，則德智長而理道得矣。"盧辯注："成王學并於正三公也。獨云太傅，舉中言也。"王聘珍《解詁》："《學禮》者，《禮古經》五十六篇中之篇名也。"

四、原文

　　凡歆所改，皆經傳之明條大綱，删去一條，删去大綱明條共千餘字，附刊於後。乃羼以己意。今其原文皆存，去僞補真，則全書血脈貫通。今删一條，必以原文一條補之；其改易字句者，則改從原文，不臚舉其文。

五、闕略

　　《王制》文少，綱目分明，可舉行，以實出聖作賢述也。歆本非制作之才，喪心狂病，迎合莽意，故其所改之新説，皆不能舉行，雖馬、鄭極意求通，亦不能明切。

　　如九服，不知天下若干①州、若干國；五等分封，四公一州（《禮記·王制》謂"州方千里"。《周禮·夏官·職方氏》云："凡邦國千里，封公以方五百里則四公。"），究不知其封幾公，與大小相維②之制；九州則西只一州（《周禮·職方氏》云："正西曰雍州。"），北方二州，乃并封幽、并、兖、冀（《尚書·禹貢》北方僅兖、冀二州，《周禮·職方氏》乃加幽、并爲四州），多少懸殊，乖畫井（廖平《地球新義·八行星繞日説》云：

---

①　若干，原誤作"共千"，據《辨僞叢刊》本改。
②　見《周禮·夏官·職官氏》："凡邦國，小大相維。"鄭玄注："大國比小國，小國事大國，各有屬，相維聯也。"

"蓋畫井之制,起於方里而井田,井田擴之爲九州。")之意。如鄭注百二十女分十五夕(詳《周禮‧天官‧九嬪》鄭玄注),"弼成五服"之爲千里,①徒爲笑柄而已。

六、改舊

歆意與博士爲難,非博士之名義宏綱不改之。蓋惡其顯著,乃思立異幟。今於所改之條,各引博士舊説以明之。初本名通,誤遭蒙蝕(蒙蔽侵蝕),試加考究,其迹顯然。

七、自異

劉歆未上《周禮》以前,與以後議論相反。如莽初嫁女十一媵,後娶百二十女;初以六藝歸孔子,後全屬之周公;初以地合附庸四等,後以地、爵皆五等:一人之説,前後不同。蓋歆本今學弟子,爲莽改《周禮》,兼以報博士怨,故前後不同如此。或乃猶以《周禮》爲校書所得,未嘗即此考之。

---

① "弼成五服",見《今文尚書‧皋陶謨》,意即根據地域遠近以輔成五服之制。《僞古文尚書‧益稷》孔穎達正義引鄭玄注:"輔五服而成之,至于面方各五千里,四面相距爲方萬里。"依鄭玄意,每服千里,兩面則爲兩千里,故五服方萬里。廖平《經學六變記‧初變記》駁之云:"'弼成五服,至於五千',就經文立説,本爲五千里,博士據《禹貢》説之是也。"按:《禹貢》所言甸、侯、綏、要、荒五服,每服五百里。

八、矛盾

歆删博士明條,亂以己説,删改未盡者,嘗有矛盾之事。如以地爲五等矣,而大國、次國、小國之文全同《王制》;如以百二十女爲内官矣,而九嬪乃與九卿對文。凡新改之文,與舊文血脈不能貫通,非其智力有窮,作僞勞拙,勢有必至。若《考工記序》,本以爲《冬官》,後其弟子乃以《冬官》爲闕,久而悟①其非,亦矛盾之一端也。

九、依托

劉所改之文,每不標異樹的(目的,目標),必取經傳可以蒙循(承接因循)之文,依傍爲之,以求取信。又時有名同實異之事,以此迷誤後學,久而不悟②。

如六卿之文取《甘誓》(見《尚書・甘誓》:"大戰于甘,乃召六卿。"),然《甘誓》乃從行之卿,上有三卿居守者,以三孤(《僞古文尚書・周官》謂"少師、少傅、少保曰三孤")爲卿,仍襲三公九卿之名。師、保爲太子官,三公所攝,即以爲本職,而又以爲不必

---

①② 悟,原誤作"誤",據《辨僞叢刊》本改。

備。依稀恍惚，似皆有所本。然推考原，皆不如其所言①，辨晰毫釐，要貴精識。

十、徵莽

《公羊》師説以《春秋》爲漢制作，歆改爲《周禮》，亦是此意，故云"發得《周禮》，以明因監"。考《莽傳》，凡專條皆曾舉行與稱述之，如百二十女、九畿、五等封、六卿、六遂②，九州無梁、徐，加并、幽③之類是也。以此證之，足見專爲迎合莽意而改，初非欲以《周禮》爲經也。

十一、誤解

劉歆所羼之條，本出臆④，無所考證，故其説不定。如《周

---

① 言，原誤作"文"，據《辨僞叢刊》本改。
② 遂，古代一種行政區域。《周禮·地官·遂人》云："遂人掌邦之野。……五家爲鄰，五鄰爲里，四里爲酇，五酇爲鄙，五鄙爲縣，五縣爲遂。……大喪，帥六遂之役而致之，掌其政令。"據鄭玄注，王城百里之外，二百里之内，分爲六遂。王莽改制，仿《周官》而置六遂等，"下書曰：'……義陽東都曰六州，褒縣曰六隊'"(《漢書·王莽傳》)。按，"隊"通"遂"。廖平《經話甲編》謂："六遂爲東都畿内方六百里之名，非鄉外爲遂也。"
③ 幽，原誤作"豳"。按：《漢書·王莽傳上》《周禮·夏官·職方氏》言九州有幽而無豳，《辨僞叢刊》本亦作"幽"。據改。
④ 據文意，"臆"後疑脱"説"字。

禮》之出有數説,《連山》《歸藏》有數説①,賦、比、興之不可解,《考工記》之非《冬官》,雖馬、鄭極心推補,終不能明。至於唐、宋以後,尤爲疑竇,凡《通典》《通考》、史志書,一涉《周禮》專條,便成歧誤。觀其解説,其誤自明。此例最爲繁多,略舉是例而已。

十二、流誤

誤解其病在《周禮》,流誤則因而害於他經。如劉炫之作《連山》《歸藏》,朱子之賦、比、興,《漢書》之鄒、夾,《尚書》之《百篇序》,束晳②之《補亡詩》,以及馬、鄭之《詩》《書》注,降而至於《釋文·序録》《隋③·經籍志》,疵謬百出,皆根源於《周禮》。今掘其根株,則枝葉自瘁。

今案:前人删改《周禮》者多矣,皆以意爲之,或乃去其真者,許其僞者。今立十二證目爲主,必十二證全者乃删之。如不能悉全,亦必有八九證者乃可。略舉九服示例,以下可以意推。

---

① 説,原脱,據《辨僞叢刊》本補。
② 束晳(約264—約300),字廣微,西晉陽平元城(今河北大名)人。官至尚書郎。作《補亡詩》,意在補《詩經·小雅》中"有義無辭"的《南陔》《白華》等笙詩六篇。明人輯有《束廣微集》。晳,原誤作"晳",據《辨僞叢刊》本改。
③ 隋,原誤作"隨",據《辨僞叢刊》本改。

九服萬國九千里〔刪〕

《夏官·大司馬》：

乃以九畿之籍，施邦國之政職：方千里曰國畿，其外方五百里曰侯畿，又其外方五百里曰甸畿，又其外方五百里曰男畿，又其外方五百里曰采畿，又其外方五百里曰衛畿，又其外方五百里曰蠻畿，又其外方五百里曰夷畿，又其外方五百里曰鎮畿，又其外方五百里曰蕃畿。

《職方氏》：

乃辨九服之邦國：方千里曰王畿，其外方五百里曰侯服，又其外方五百里曰①甸服，又其外方五百里曰男服，又其外方五百里曰采服，又其外方五百里曰衛服，又其外方五百里曰蠻服，又其外方五百里曰夷服，又其外方五百里曰鎮服，又其外方五百里曰蕃(通"藩")服。

---

① 曰，原脱，據《周禮》補。

一、違經

《堯典》:"咨(憂歎之詞)!四岳","咨!十有二牧"。《皋陶yáo謨》:"弼成五服,至于五千,州十有二師。外薄四海,咸建五長。"《康誥》:"侯、甸男(廖平謂"'甸'爲隸古,'男'乃先師記識混入者",當爲小字注釋。說見氏著《經話甲編》卷一)、邦、采、衛。""甸"不當"侯"字下(《尚書·禹貢》《國語·周語》皆謂侯服在甸服外),"甸"蓋"男"之字誤,隸書"男"亦作"甸"。《左傳》"鄭,伯,甸也",即"鄭,伯①、男也"。②

二、反傳

《左傳》:侯、甸男、邦、采、衛(見《左傳》襄公十五年:"王及公、侯、伯、子、男,甸、采、衛大夫,各居其列。"又見前引昭公十三年文)。《周語》:"先王之制,邦內甸服,即甸服。邦③外侯服,五百里侯服。侯、衛賓服,即綏服。蠻夷要服,戎狄荒服。"

---

① 伯,原缺,據《左傳》、《辨僞叢刊》本補。
② 見《左傳》昭公十三年:"及盟,子產爭承,曰:'昔天子班貢,輕重以列,列尊貢重,周之制也。卑而貢重者,甸服也。鄭,伯、男也,而使從公侯之貢,懼弗給也,敢以爲請。'"
③ 邦,原誤作"鄒",據《國語·周語》改。

三、改舊

《王制》:"千里之内曰甸,千里之外曰采、曰流。"博士説王者方①五千里(廖平《公羊春秋經傳驗推補證》謂"西漢十四家皆據《禹貢》立解,以爲王者方五千里")。今《尚書》歐陽、夏侯説:"中國方五千里。"(許慎《五經異義》引)

《公羊》説:"殷三千諸侯,周千八百諸侯。"(許慎《五經異義》引)《逸周書·殷祝解》:"湯放(流放)桀而復薄(薄又作"亳",湯之都城。復薄,《文選》李善注引作"歸于亳",義同),三千諸侯大會。"《孝經》説:"周千八百諸侯,布列五千里②内。"(《禮記·王制》鄭玄注引)《王制正義》引《尚書大傳·洛誥傳》云:"天下諸侯之來,進受命於周,退見文武尸(尸指祭祀之時代死者受祭之人)者,千七百七十三諸侯。"《漢書·地理志》:"周爵五等而士三等,蓋千八百國。"衛宏《漢官儀》:"古者諸侯治民,周以上千八百諸侯。"

四、無徵

西漢前載記無九服之説。

---

① 方,原誤作"王",據《辨僞叢刊》本改。
② 里,原脱,據《禮記注》補。

五、原文

《禹貢》：

　　五百里甸服：百里賦納總（總指全禾，即連穗帶秆的禾把子），二百里納銍（zhì，本指短鐮，此指短鐮割下的禾穗），三百里納秸jiē服（秸指農作物的莖稈。秸服，説法不一。顧頡剛、劉起釪《尚書校釋譯論》謂"服"字衍，廖平、黃鎔《書尚書弘道編》謂"服"爲記識字），四百里粟，五百里米。五百里侯服：百里（廖平、黃鎔謂"百里"前脱"三"字）采，二百里男邦（廖平、黃鎔謂"'邦'乃記識字，謂九服以男至鎮爲邦國"），三百里諸侯（廖平、黃鎔謂此五字爲衍文）。五①百里綏服：三百里揆文教（度王者文教而行之），二百里奮武衛（奮揚武威以衛王者）。五百里要服：三百里夷（安置夷人），二百里蔡（流放罪人。本作"??"，隸變後訛作"蔡"。説見胡渭《禹貢錐指》）。五百里荒服：三百里蠻，二百里流。東漸于海，西被于流沙，朔南（北方與南方）暨（及，到達）：聲教（聲威教化）訖（止，至）②于四海。

---

① 五，原誤作"四"，據《尚書·禹貢》改。
② 訖，原誤作"岐"，據《尚書·禹貢》改。

六、闕略

唐宋人合九服、五服爲一,誤説。《尚書》內四岳九州,外夷狄十二州,咸建五長,説最詳明。《周禮》不詳外州數目。計今學內九州、外十二州,共二十一州。《周禮》則九千里,九九八十一州,多今學四分之三。《王制》九州,千七百國。《周禮》多至十倍,當爲萬七千國矣,其制不詳。

七、自異

八、矛盾

《大行人》:

邦畿方千里,其外方五百里,謂之侯服,歲一見,其貢祀物;又其外方五百里,謂之甸服,二歲一見,其貢嬪物;又其外方五百里,謂之男服,三歲一見,其貢器物;又其外方五百里,謂之采服,四歲一見,其貢服物;又其外方五百里,謂之衛服,五歲一見,其貢材物;又其外方五百里,謂之要服,六歲一見,其貢貨物;九州之外,謂之蕃國,世一見,各以其所貴寶爲摯(見面禮)。

《大司馬》《職方》九畿、九服名次相同,《大行人》則爲七服,以要易蠻,少夷、鎮二服。《職方》方千里爲州,九州方三千里(同《王制》《禹貢》,爲禹序九州)。《大行人》"九州之外,謂之蕃國",以方七千里爲九州。據《職方》方千里爲州推之,方七千里當四十九州。今以要服以上爲九州,多四十州之地。

九、依托

《堯典》萬國(《堯典》原文云:"百姓昭明,協和萬邦。")。《左傳》:"禹合諸侯于塗山,執玉帛者萬國。"(《左傳》哀公七年)《淮南·地形訓》與此似同實異。《康誥》:"侯、甸男、邦、采、衛。"按:中五服名目本此,《康誥》用《禹貢》之文,不如所說。《漢·地理志》:"東西九千三百二里,南北萬三千三百六十八里。"

十、徵莽

《王莽傳中》:

> 九州之內,縣二千二百有三。公作甸侯①,是爲惟城;諸在侯服,是爲惟寧;在采、任諸侯,是爲惟翰(通"榦",棟梁);在賓服,是爲惟屏;在揆文教,奮武衛,是爲惟垣;

---

① 甸侯,當襲《漢書》流行本之誤。王先謙《漢書補注》作"甸服",是。

在九州之外,是爲惟藩。① 各以其方爲稱,總爲萬國焉。

此與《大行人》同。

十一、誤解

鄭氏注:周公斥大九州之界,七七四十九,而方千里者四十九國。九服合王畿,相距爲萬里。② 按:《職方》《司馬》文皆九服,《大行人》乃作七服,尚是有誤服(前文云"以要易蠻,少夷、鎮二服")。鄭注據方七千里爲説,非是。當以九千里算之。

十二、流誤

古《尚書》説:"五服方五千里,相距萬里。"(許慎《五經異義》引)

《尚書釋文》:"'至于五千',馬(馬融)云:'面五千里,爲方萬里。'"

《〈禮記・王制〉正義》引鄭《尚書・咎繇(又作"皋陶")謨》

---

① 顏師古注:"凡此'惟城'以下,取《詩・大雅・板》之篇云'价人惟藩,大師惟垣,大邦惟屛,大宗惟翰,懷德惟寧,宗子惟城',以爲名號也。"
② 見《禮記・王制》鄭玄注:"周公攝政致太平,斥大九州之界。"孔穎達疏:"斥大,謂開斥廣大。"《周禮・夏官・職方氏》鄭玄注:"周九州之界,方七千里,七七四十九,方千里者四十九。""九服合王畿,相距爲萬里",詳下文《尚書・咎繇謨》鄭玄注。

注：

　　禹"弼(輔佐)成五服"：去王城①五百里曰甸服；其弼當侯服，去王城千里。其外五百里爲侯服，當甸服，去王城一千五百里；其弼當男服，去王城二千里。又其外五百里爲綏服，當采服，去王城二千五百里；其弼當衛服，去王城三千里。又其外五百里爲要服，與周要服相當，去王城三千五百里。四面相距爲七千里，是九州之内也。要服之弼，當其夷服，去王城當四千里。又其外五百里曰荒服，當鎮服；其弼當蕃服，去王城五千里。四面相距，爲方萬里也。

鄭樵②説：

　　五服、九服之制，雖若不同，詳考制度，無不相合。禹之五服，各五百里，自其一面而數之；《職方》九服，各五百里，自其兩面而數之也。大抵周之王畿，即禹之甸服；周之侯、甸，即禹之侯服；周之男、采，即禹之綏服；周之衛、蠻，即禹之要服；周之夷、鎮，即禹之荒服：大率二畿當

---

① 王城，原誤作"王成"，據《禮記正義》改。
② 鄭樵(1104—1162)，字漁仲，自號溪西遺民，世稱夾漈先生，南宋興化軍莆田(今屬福建)人。著有《通志》《夾漈遺稿》等。

一服①。而周镇服之外,又有五百里之藩服,去五城二千五百里地,乃九州之外地,增於《禹貢》五百里而已。故《行人》職言'九州之外,謂之藩服'。"([舊題]宋鄭樵《六經奧論》卷六《周禮經·五服九服辨》)

---

① 一服,原作"二服",據《六經奧論》改。

《周禮》刪文 九服見前，故不録。

《天官冢宰》第一

惟王建國，辨方正位，體國經野，設官分職，以爲民極。乃立天官冢宰，使帥其屬而掌邦治，以佐王均邦國。

建邦之六典，以佐王治邦國：一曰治典，以經邦國，以治官府，以紀萬民；二曰教典，以安邦國，以教官府，以擾萬民；三曰禮典，以和邦國，以統百官，以諧萬民；四曰政典，以平邦國，以正百官，以均萬民；五曰刑典，以詰邦國，以刑百官，以糾萬民；六曰事典，以富邦國，以任百官，以生萬民。

以府之六屬舉邦治：一曰天官，其屬六十，掌邦治；二曰地官，其屬六十，掌邦教；三曰春官，其屬六十，掌邦禮；四曰夏官，其屬六十，掌邦政；五曰秋官，其屬六十，掌邦刑；六曰冬官，其屬六十，掌邦事。大事則從長，小事則專達。

以官府之六職辨邦治：一曰治職，以平邦國，以均萬民，以節財用；二曰教職，以安邦國，以寧萬民，以懷賓客；三曰禮職，以和邦國，以諧萬民，以事鬼神；四曰政職，以服邦國，以正萬民,以聚百物;五曰刑職,以詰邦國,以糾萬民,以除盜賊;六曰事職,以富邦國,以養萬民,以生百物。

《地官司徒》第二

惟王建國,辨方正位,體國經野①,設官分職,以爲民極。乃立地官司徒,使帥其屬而掌邦教,以佐王安擾邦國。

諸公之地,封疆方五百里,其食者半;諸侯之地,封疆方四百里,其食者參之一;諸伯之地,封疆方三百里,其食者參之一;諸子之地,封疆方二百里,其食者四之一;諸男之地,封疆②方百里,其食者四之一。

《春官宗伯》第三

惟王建國,辨方正位,體國經野,設官分職,以爲民極。乃立春官宗伯,使帥其屬而掌邦禮,以佐王和邦國。

春見曰朝,夏見曰宗,秋見曰覲,冬見曰遇,時見曰會,殷見曰同。時聘曰問,殷覜③曰視。

龡《豳雅》,龡《豳頌》。

三《易》之法:一曰《連山》,二曰《歸藏》,三曰《周易》。其經卦皆八,其別皆六十有四。

---

① 野,原誤作"禮",據《周禮·地官·叙官》改。
② "封疆"前原衍一"封"字,據《周禮·地官·大司徒》删。
③ 覜,原誤作"頫",據《周禮·春官·大宗伯》改。

一曰《連山》，二曰《歸藏》，三曰《周易》。

教以六詩：曰風，曰賦，曰比，曰興，曰雅，曰頌。

《夏官司馬》第四

東北曰幽州。

正①北曰并州。

凡邦國千里，封公以方五百里則四公，方四百里則六侯，方三百里則七伯，方二百里則二十五子，方百里則百男。

《秋官司寇》第五

春朝諸侯而圖天下之事，秋覲以比邦國之功，夏宗以陳天下之謨，冬遇以協諸侯之慮，時會以發四方之禁，殷同以施天下之政。時聘以結諸侯之好，殷覜以除邦國之慝，間問以諭諸侯之志。

邦畿方千里，其外方五百里，謂之侯服，歲一見，其貢祀物；又其外方五百里，謂之甸服，二歲一見，其貢嬪物；又其外方五百里，謂之男服，三歲一見，其貢器物；又其外方五百里，謂之采服，四歲一見，其貢服物；又其外方五百里，謂之衛服，五歲一見，其貢材物；又其外方五百里，謂之要服，六歲一見，其貢貨物；九州之外，謂之蕃國，世一見，各以其所貴寶爲摯。

---

① 正，原誤作"南"，據《周禮·夏官·職方氏》改。

十有一歲,達瑞節。

十有二歲,王巡守殷國。

凡諸侯之邦交,歲相問也,殷相聘也,世相朝也。

令諸侯春入貢,秋獻功,王親受之,各以其國之籍禮之。凡諸侯入王,則逆勞于畿;及郊勞、眡①館、將幣,爲承而擯。凡四方之使者,大客則擯,小客則受其幣而聽其辭。使適四方,協九儀賓客之禮。

朝、覲、宗、遇、會、同,君之禮也;存、覜、省、聘、問,臣之禮也。

《冬官考工記》第六

國有六職,百工與居一焉。或坐而論道;或作而行之;或審曲面勢,以飭五材,以辯②民器;或通四方之珍異以資之,或飭力以長地財,或治絲麻以成之。坐而論道,謂之王公;作而行之,謂之士大夫;審曲面勢,以飭五材,以辯民器,謂之百工;通四方之珍異以資之,謂之商旅;飭力以長地財,謂之農夫;治③絲麻以成之,謂之婦功。

---

① 眡,原誤作"眂",據《周禮·秋官·小行人》改。
② 辯,《周禮·冬官考工記·總叙》原作"辨"。按:"辯""辨"皆通"辦"。下同。
③ 治,原誤作"給",據《周禮·冬官考工記·總叙》改。

今按:六官所删成段者於左,單字孤文不列於此。所删之條,如能説通者,可以收入。如《豳雅》《豳頌》之類。以外尚有未盡者,則俟補録。

跋*

　　余丙戌(1886)以後，力攻《周禮》大綱數條，同年宋芸子①專治《周禮》，般(公輸般)攻墨(墨子)②守，相持不下。近來舊疑漸得通解，如九畿、九州、五等封地諸條，以參差隱見例求之，乃曲折合於博士，則昔之疑而攻之，誤矣。

　　丁酉(1897)仲冬，再四與芸子相酌，將經傳統歸至聖，不再立今、古名目；將新解《周禮》三條刊入《王制圖表》(廖平撰，收入《四益館經學叢書》)中。《删劉》一册，本應銷毀。惟今之能通者經，至鄭、賈(鄭玄、賈逵)師説誤解《周禮》者，固萬不能通也。昔之所疑在經，今之所攻在説；既已拔經於泥塗之中，則矯執首亂之罪固不可没也。《删劉篇》改附《古學考》之末。以爲

---

　　* "跋"字，原無，係校注者所加。
　　① 宋芸子，即宋育仁(1857—1931)，字子晟、芸子，號芸岩，四川富順縣人。清末維新派人士。與廖平同爲成都尊經書院學生，又中光緒己卯科(1879)舉人。著有《時務論》《泰西各國采風記》《問琴閣詩文録》等，主修《四川通志》。
　　② 墨，原作"黑"，據《辨僞叢刊》本改。

經雖無今、古之分，而兩漢從師法，不能強合，將舊指目經文者盡改爲説。皮之不存，毛將安附？以後不必再加吹索(吹毛求疵)矣。

廣州康長素(康有爲,號長素)因《古學考》而別撰《僞經考》(《新學僞經考》)，牽涉無辜，持論甚固，殊(猶,尚)知《左傳》既已不祖周公，而《周禮》今亦符契六藝乎？

丁酉仲冬，井研廖平自識(zhì,記述)。

附錄

主要徵引書目

《十三經注疏》,(清)阮元校刻,中華書局1980年影印版。

《十三經注疏》,《十三經注疏》整理委員會整理,北京大學出版社2000年版。

《六經奧論》,[舊題](宋)鄭樵撰,臺灣商務印書館1986年影印文淵閣四庫全書本。

《五經異義疏證》,(清)陳壽祺撰,上海古籍出版社2012年版。

《經典釋文》,(唐)陸德明撰,上海古籍出版社2012年版。

《緯書集成》,(日)安居香山、中村璋八輯,河北人民出版社1994年版。

《大戴禮記匯校集解》,方向東撰,中華書局2008年版。

《春秋繁露義證》,(清)蘇輿撰,中華書局1992年版。

《説文解字注》,(清)段玉裁撰,中華書局1983年版。

《史記》,(漢)司馬遷撰,(宋)裴駰集解,(唐)司馬貞索隱,(唐)張守節正義,中華書局2014年版。

《漢書》,(漢)班固撰,(唐)顏師古注,中華書局1962年版。

《後漢書》，（南朝宋）范曄撰，（唐）李賢等注，中華書局 1965 年版。

《隋書》，（唐）魏徵等撰，中華書局 2019 年版。

《逸周書彙校集注》，黃懷信等撰，上海古籍出版社 1995 年版。

《國語集解》，徐元誥撰，中華書局 2002 年版。

《説苑校證》，（漢）劉向撰，向宗魯校證，中華書局 1987 年版。

《白虎通疏證》，（清）陳立撰，中華書局 1994 年版。

《六臣注文選》，（南朝梁）蕭統選編，（唐）李善等注，中華書局 1987 年版。

《四益館經學叢書》，中國國家圖書館藏成都尊經書局光緒年間刻本。

《六譯館叢書》，上海圖書館、重慶圖書館藏四川存古書局民國年間彙印本。

《六譯先生年譜》，廖宗澤編撰，《儒藏·史部·儒林年譜》第 49 册，四川大學古籍整理研究所編，四川大學出版社 2007 年版。

圖書在版編目（CIP）數據

今古學考：外一種：古學考 / 廖平著；潘林校注. -- 北京：華夏出版社有限公司，2023.1
（中國傳統：經典與解釋）
ISBN 978-7-5222-0388-1

Ⅰ．①今… Ⅱ．①廖… ②潘… Ⅲ．①經學－研究 Ⅳ．①Z126

中國版本圖書館 CIP 數據核字(2022)第 143553 號

今古學考（外一種：古學考）

作　　者	廖　平
校　　注	潘　林
責任編輯	李安琴
責任印製	劉　洋
出版發行	華夏出版社有限公司
經　　銷	新華書店
印　　裝	三河市少明印務有限公司
版　　次	2023 年 1 月北京第 1 版 2023 年 1 月北京第 1 次印刷
開　　本	880×1230　1/32
印　　張	8.125
字　　數	163 千字
定　　價	58.00 元

華夏出版社有限公司　地址：北京市東直門外香河園北里 4 號　郵編：100028
網址：www.hxph.com.cn　電話：(010)64663331（轉）
若發現本版圖書有印裝品質問題，請與我社營銷中心聯繫調換。

西方传统：经典与解释
Classici et Commentarii
HERMES
刘小枫 ○ 主编

古今丛编

欧洲中世纪诗学选译　宋旭红 编译
克尔凯郭尔　[美]江思图 著
货币哲学　[德]西美尔 著
孟德斯鸠的自由主义哲学　[美]潘戈 著
莫尔及其乌托邦　[德]考茨基 著
试论古今革命　[法]夏多布里昂 著
但丁：皈依的诗学　[美]弗里切罗 著
在西方的目光下　[英]康拉德 著
大学与博雅教育　董成龙 编
探究哲学与信仰　[美]郝岚 著
民主的本性　[法]马南 著
梅尔维尔的政治哲学　李小均 编/译
席勒美学的哲学背景　[美]维塞尔 著
果戈里与鬼　[俄]梅列日科夫斯基 著
自传性反思　[美]沃格林 著
黑格尔与普世秩序　[美]希克斯 等著
新的方式与制度　[美]曼斯菲尔德 著
科耶夫的新拉丁帝国　[法]科耶夫 等著
《利维坦》附录　[英]霍布斯 著
或此或彼(上、下)　[丹麦]基尔克果 著
海德格尔式的现代神学　刘小枫 选编
双重束缚　[法]基拉尔 著
古今之争中的核心问题　[德]迈尔 著
论永恒的智慧　[德]苏索 著
宗教经验种种　[美]詹姆斯 著
尼采反卢梭　[美]凯斯·安塞尔-皮尔逊 著
舍勒思想评述　[美]弗林斯 著
诗与哲学之争　[美]罗森 著

神圣与世俗　[罗]伊利亚德 著
但丁的圣约书　[美]霍金斯 著

古典学丛编

赫西俄德的宇宙　[美]珍妮·施特劳斯·克莱 著
论王政　[古罗马]金嘴狄翁 著
论希罗多德　[古罗马]卢里叶 著
探究希腊人的灵魂　[美]戴维斯 著
尤利安文选　马勇 编/译
论月面　[古罗马]普鲁塔克 著
雅典谐剧与逻各斯　[美]奥里根 著
菜园哲人伊壁鸠鲁　罗晓颖 选编
《劳作与时日》笺释　吴雅凌 撰
希腊古风时期的真理大师　[法]德蒂安 著
古罗马的教育　[英]葛怀恩 著
古典学与现代性　刘小枫 编
表演文化与雅典民主政制
　[英]戈尔德希尔、奥斯本 编
西方古典文献学发凡　刘小枫 编
古典语文学常谈　[德]克拉夫特 著
古希腊文学常谈　[英]多佛 等著
撒路斯特与政治史学　刘小枫 编
希罗多德的王霸之辨　吴小锋 编/译
第二代智术师　[英]安德森 著
英雄诗系笺释　[古希腊]荷马 著
统治的热望　[美]福特 著
论埃及神学与哲学　[古希腊]普鲁塔克 著
凯撒的剑与笔　李世祥 编/译
伊壁鸠鲁主义的政治哲学
　[意]詹姆斯·尼古拉斯 著
修昔底德笔下的人性　[美]欧文 著
修昔底德笔下的演说　[美]斯塔特 著
古希腊政治理论　[美]格雷纳 著
神谱笺释　吴雅凌 撰
赫西俄德：神话之艺　[法]居代·德拉孔波 编

赫拉克勒斯之盾笺释　罗逍然 译笺
《埃涅阿斯纪》章义　王承教 选编
维吉尔的帝国　[美]阿德勒 著
塔西佗的政治史学　曾维术 编

古希腊诗歌丛编

古希腊早期诉歌诗人　[英]鲍勒 著
诗歌与城邦　[美]费拉格、纳吉 主编
阿尔戈英雄纪（上、下）
[古希腊]阿波罗尼俄斯 著
俄耳甫斯教祷歌　吴雅凌 编译
俄耳甫斯教辑语　吴雅凌 编译

古希腊肃剧注疏

欧里庇得斯的现代性　[法]德·罗米伊 著
自由与僭越　罗峰 编译
希腊肃剧与政治哲学　[美]阿伦斯多夫 著

古希腊礼法研究

宙斯的正义　[英]劳埃德-琼斯 著
希腊人的正义观　[英]哈夫洛克 著

廊下派集

剑桥廊下派指南　[加]英伍德 编
廊下派的苏格拉底　程志敏 徐健 选编
廊下派的神和宇宙　[墨]里卡多·萨勒斯 编
廊下派的城邦观　[英]斯科菲尔德 著

希伯莱圣经历代注疏

希腊化世界中的犹太人　[英]威廉逊 著
第一亚当和第二亚当　[德]朋霍费尔 著

新约历代经解

属灵的寓意　[古罗马]俄里根 著

基督教与古典传统

保罗与马克安　[德]文森 著
加尔文与现代政治的基础　[美]汉考克
无执之道　[德]文森 著
恐惧与战栗　[丹麦]基尔克果 著

托尔斯泰与陀思妥耶夫斯基
[俄]梅列日科夫斯基 著
论宗教大法官的传说　[俄]罗赞诺夫 著
海德格尔与有限性思想（重订版）
刘小枫 选编
上帝国的信息　[德]拉加茨 著
基督教理论与现代　[德]特洛尔奇 著
亚历山大的克雷芒　[意]塞尔瓦托·利拉 著
中世纪的心灵之旅　[意]圣·波纳文图拉 著

德意志古典传统丛编

黑格尔论自我意识　[美]皮平 著
克劳塞维茨论现代战争　[澳]休·史密斯 著
《浮士德》发微　谷裕 选编
尼伯龙人　[德]黑贝尔 著
论荷尔德林　[德]沃尔夫冈·宾德尔 著
彭忒西勒亚　[德]克莱斯特 著
穆佐书简　[奥]里尔克 著
纪念苏格拉底——哈曼文选　刘新利 选编
夜颂中的革命和宗教　[德]诺瓦利斯 著
大革命与诗化小说　[德]诺瓦利斯 著
黑格尔的观念论　[美]皮平 著
浪漫派风格——施勒格尔批评文集　[德]施勒格尔 著

巴洛克戏剧丛编

克里奥帕特拉　[德]罗恩施坦 著
君士坦丁大帝　[德]阿旺西尼 著
被弑的国王　[德]格吕菲乌斯 著

美国宪政与古典传统

美国1787年宪法讲疏　[美]阿纳斯塔普罗 著

启蒙研究丛编

论古今学问　[英]坦普尔 著
历史主义与民族精神　冯庆 编
浪漫的律令　[美]拜泽尔 著
现实与理性　[法]科维纲 著
论古人的智慧　[英]培根 著

托兰德与激进启蒙　刘小枫 编
图书馆里的古今之战　[英]斯威夫特 著

政治史学丛编

驳马基雅维利　[普鲁士]弗里德里希二世 著
现代欧洲的基础　[英]赖希 著
克服历史主义　[德]特洛尔奇 等著
胡克与英国保守主义　姚啸宇 编
古希腊传记的嬗变　[意]莫米利亚诺 著
伊丽莎白时代的世界图景　[英]蒂利亚德 著
西方古代的天下观　刘小枫 编
从普遍历史到历史主义　刘小枫 编
自然科学史与玫瑰　[法]雷比瑟 著

地缘政治学丛编

地缘政治学的起源与拉采尔　[希腊]斯托杨诺斯 著
施米特的国际政治思想　[德]欧迪瑟乌斯/佩蒂托 编
克劳塞维茨之谜　[英]赫伯格-罗特 著
太平洋地缘政治学　[德]卡尔·豪斯霍弗 著

荷马注疏集

不为人知的奥德修斯　[美]诺特维克 著
模仿荷马　[美]丹尼斯·麦克唐纳 著

品达注疏集

幽暗的诱惑　[美]汉密尔顿 著

阿里斯托芬集

《阿卡奈人》笺释　[古希腊]阿里斯托芬 著

色诺芬注疏集

居鲁士的教育　[古希腊]色诺芬 著
色诺芬的《会饮》　[古希腊]色诺芬 著

柏拉图注疏集

挑战戈尔戈　李致远 选编
论柏拉图《高尔吉亚》的统一性　[美]斯托弗 著
立法与德性——柏拉图《法义》发微　林志猛 编
柏拉图的灵魂学　[加]罗宾逊 著
柏拉图书简　彭磊 译注

克力同章句　程志敏 郑兴凤 撰
哲学的奥德赛——《王制》引论　[美]郝兰 著
爱欲与启蒙的迷醉　[美]贝尔格 著
为哲学的写作技艺一辩　[美]伯格 著
柏拉图式的迷宫——《斐多》义疏　[美]伯格 著
苏格拉底与希琵阿斯　王江涛 编译
理想国　[古希腊]柏拉图 著
谁来教育老师　刘小枫 编
立法者的神学　林志猛 编
柏拉图对话中的神　[法]薇依 著
厄庇诺米斯　[古希腊]柏拉图 著
智慧与幸福　程志敏 选编
论柏拉图对话　[德]施莱尔马赫 著
柏拉图《美诺》疏证　[美]克莱因 著
政治哲学的悖论　[美]郝岚 著
神话诗人柏拉图　张文涛 选编
阿尔喀比亚德　[古希腊]柏拉图 著
叙拉古的雅典异乡人　彭磊 选编
阿威罗伊论《王制》　[阿拉伯]阿威罗伊 著
《王制》要义　刘小枫 选编
柏拉图的《会饮》　[古希腊]柏拉图 等著
苏格拉底的申辩（修订版）　[古希腊]柏拉图 著
苏格拉底与政治共同体　[美]尼柯尔斯 著
政制与美德——柏拉图《法义》疏解　[美]潘戈 著
《法义》导读　[法]卡斯代尔·布舒奇 著
论真理的本质　[德]海德格尔 著
哲人的无知　[德]费勃 著
米诺斯　[古希腊]柏拉图 著
情敌　[古希腊]柏拉图 著

亚里士多德注疏集

《诗术》译笺与通释　陈明珠 撰
亚里士多德《政治学》中的教诲　[美]潘戈 著
品格的技艺　[美]加佛 著
亚里士多德哲学的基本概念　[德]海德格尔 著

《政治学》疏证 [意]托马斯·阿奎那 著
尼各马可伦理学义疏 [美]伯格 著
哲学之诗 [美]戴维斯 著
对亚里士多德的现象学解释 [德]海德格尔 著
城邦与自然——亚里士多德与现代性 刘小枫 编
论诗术中篇义疏 [阿拉伯]阿威罗伊 著
哲学的政治 [美]戴维斯 著

普鲁塔克集
普鲁塔克的《对比列传》 [英]达夫 著
普鲁塔克的实践伦理学 [比利时]胡芙 著

阿尔法拉比集
政治制度与政治箴言 阿尔法拉比 著

马基雅维利集
解读马基雅维利 [美]麦考米克 著
君主及其战争技艺 娄林 选编

莎士比亚绎读
莎士比亚的罗马 [美]坎托 著
莎士比亚的政治智慧 [美]伯恩斯 著
脱节的时代 [匈]阿格尼斯·赫勒 著
莎士比亚的历史剧 [英]蒂利亚德 著
莎士比亚戏剧与政治哲学 彭磊 选编
莎士比亚的政治盛典 [美]阿鲁里斯/苏利文 编
丹麦王子与马基雅维利 罗峰 选编

洛克集
上帝、洛克与平等 [美]沃尔德伦 著

卢梭集
致博蒙书 [法]卢梭 著
政治制度论 [法]卢梭 著
哲学的自传 [美]戴维斯 著
文学与道德杂篇 [法]卢梭 著
设计论证 [美]吉尔丁 著
卢梭的自然状态 [美]普拉特纳 等著
卢梭的榜样人生 [美]凯利 著

莱辛注疏集
汉堡剧评 [德]莱辛 著
关于悲剧的通信 [德]莱辛 著
智者纳坦（研究版） [德]莱辛 等著
启蒙运动的内在问题 [美]维塞尔 著
莱辛剧作七种 [德]莱辛 著
历史与启示——莱辛神学文选 [德]莱辛 著
论人类的教育 [德]莱辛 著

尼采注疏集
尼采引论 [德]施特格迈尔 著
尼采与基督教 刘小枫 编
尼采眼中的苏格拉底 [美]丹豪瑟 著
动物与超人之间的绳索 [德]A.彼珀 著

施特劳斯集
苏格拉底与阿里斯托芬
论僭政（重订本） [美]施特劳斯 [法]科耶夫 著
苏格拉底问题与现代性（第三版）
犹太哲人与启蒙（增订本）
霍布斯的宗教批判
斯宾诺莎的宗教批判
门德尔松与莱辛
哲学与律法——论迈蒙尼德及其先驱
迫害与写作艺术
柏拉图式政治哲学研究
论柏拉图的《会饮》
柏拉图《法义》的论辩与情节
什么是政治哲学
古典政治理性主义的重生（重订本）
回归古典政治哲学——施特劳斯通信集
　　　　　＊＊＊
论源初遗忘 [美]维克利 著
阅读施特劳斯 [美]斯密什 著
施特劳斯与流亡政治学 [美]谢帕德 著
驯服欲望 [法]科耶夫 等著

施特劳斯讲学录
斯宾诺莎的政治哲学

施米特集
宪法专政 [美]罗斯托 著
施米特对自由主义的批判 [美]约翰·麦考米克 著

伯纳德特集
古典诗学之路（第二版） [美]伯格 编
弓与琴（重订本） [美]伯纳德特 著
神圣的罪业 [美]伯纳德特 著

布鲁姆集
巨人与侏儒（1960-1990）
人应该如何生活——柏拉图《王制》释义
爱的设计——卢梭与浪漫派
爱的戏剧——莎士比亚与自然
爱的阶梯——柏拉图的《会饮》
伊索克拉底的政治哲学

沃格林集
自传体反思录

朗佩特集
哲学与哲学之诗
尼采与现时代
尼采的使命
哲学如何成为苏格拉底式的
施特劳斯的持久重要性

迈尔集
施米特的教训
何为尼采的扎拉图斯特拉
政治哲学与启示宗教的挑战
隐匿的对话
论哲学生活的幸福

大学素质教育读本
古典诗文绎读 西学卷·古代编（上、下）
古典诗文绎读 西学卷·现代编（上、下）

中国传统：经典与解释
Classici et Commentarii

刘小枫　陈少明◎主编

知圣篇 / 廖平 著
《孔丛子》训读及研究 / 雷欣翰 撰
论语说义 / [清]宋翔凤 撰
周易古经注解考辨 / 李炳海 著
图象几表 / [明]方以智 编
浮山文集 / [明]方以智 著
药地炮庄 / [明]方以智 著
药地炮庄笺释·总论篇 / [明]方以智 著
青原志略 / [明]方以智 编
冬灰录 / [明]方以智 著
冬炼三时传旧火 / 邢益海 编
《毛诗》郑王比义发微 / 史应勇 著
宋人经筵诗讲义四种 / [宋]张纲 等撰
道德真经取善集 / [金]李霖 编撰
道德真经藏室纂微篇 / [宋]陈景元 撰
道德真经四子古道集解 / [金]寇才质 撰
皇清经解提要 / [清]沈豫 撰
经学通论 / [清]皮锡瑞 著
松阳讲义 / [清]陆陇其 著
起凤书院答问 / [清]姚永朴 撰
周礼疑义辨证 / 陈衍 撰
《铎书》校注 / 孙尚扬 肖清和 等校注
韩愈志 / 钱基博 著
论语辑释 / 陈大齐 著
《庄子·天下篇》注疏四种 / 张丰乾 编
荀子的辩说 / 陈文洁 著

古学经子 / 王锦民 著
经学以自治 / 刘少虎 著
从公羊学论《春秋》的性质 / 阮芝生 撰